ЦВЕТАЕВА
TSVETAEVA

ФОТО-БИОГРАФИЯ
A PICTORIAL BIOGRAPHY

Edited by
ELLENDEA PROFFER

Редактор
ЭЛЛЕНДЕА ПРОФФЕР

Translations by
J. MARIN KING

Переводы
Дж. МАРИН КИНГ

Introduction by
CARL R. PROFFER

Вступление
КАРЛ ПРОФФЕР

From materials collected by
M. B. and I. K.

С материалов, собранных
М. Б. и И. К.

ARDIS
Ann Arbor

Published by Ardis, 2901 Heatherway,
Ann Arbor, Michigan 48104.

ISBN 0-88233-358-5 (cloth)
ISBN 0-88233-359-3 (paperback)

ОТ РЕДАКТОРА
EDITOR'S NOTE

Основная часть материалов, составивших эту книгу, была собрана двумя поклонниками творчества Цветаевой, живущими в Советском Союзе. Фотографии сильно разнятся по качеству, и это будет понятно каждому, кто знаком с трудностями отыскания старых фотодокументов, делавшихся разными камерами. В советских публикациях принято ретушировать фотографии — принося подлинность в жертву гладкости. В этой книге они оставлены как есть, ради сохранения аутентичности. В портретах самой Цветаевой мы особенно старались сохранить детали лица — иногда даже за счет качества остальной части снимка. Кое-где в тексты и подписи, представленные составителями, внесены незначительные изменения, исправления и добавления. Так как в истории русской литературы этого периода лишь немногие снимки датированы, и так как почти всегда приходится иметь дело не с оригиналом, а с копиями копий, между исследователями существуют серьезные расхождения по поводу датировки их. Для будущих изданий мы были бы рады получить любую информацию от читателей о датах и о неизвестных людях на печатаемых снимках. Мы надеемся, что даже с учетом этих неизбежных просчетов, любители русской поэзии получают замечательный подарок. Благодарить за него следует в первую очередь тех, кто собрал материал, ибо около трех четвертей фотодокументов появляются в печати впервые. Надеемся, что и составители будут довольны книгой, несмотря на то, что от замысла ее до воплощения прошел такой долгий срок. Ардис планирует и дальше печатать подобные книги о русских писателях XX века и будет признателен за предоставление любых фотоматериалов, связанных с этой темой.

The materials which make up this book come primarily from two devoted admirers of Tsvetaeva in the Soviet Union. The quality of the photographs varies greatly, as will be understood by anyone familiar with the difficulty of finding any photographs which date from so long ago and come from so many different cameras. In Soviet books it is customary to retouch such photographs—sacrificing fidelity to sameness. It is for the sake of authenticity that they have been left uncorrected in this book. Particularly in the case of poor portraits of Tsvetaeva herself, we have chosen to print the photographs in such a way as to maximize detail in her face, thus sometimes losing details elsewhere in the print. The texts and captions of the compilers have been used, though in a number of cases with additions and emendations. Few photographs from Russian literary history of this period are actually dated, and since one is almost always dealing not with originals but with copies of copies, there is usually considerable variance in the dates provided by scholars. For future editions the editor will be glad to hear from anyone who may know more about the dates, or unidentified people, of any of the pictures. These reservations aside, the result is a marvelous gift to lovers of Russian poetry. Thanks are due primarily to the original collectors, for about three fourths of the iconographical material has been unknown until now. It has been a long time between conception and production of this book, but we hope that the result makes the original contributors happy. Ardis looks forward to doing similar books for other modern Russian writers, and will appreciate assistance from anyone who possesses iconographic material.

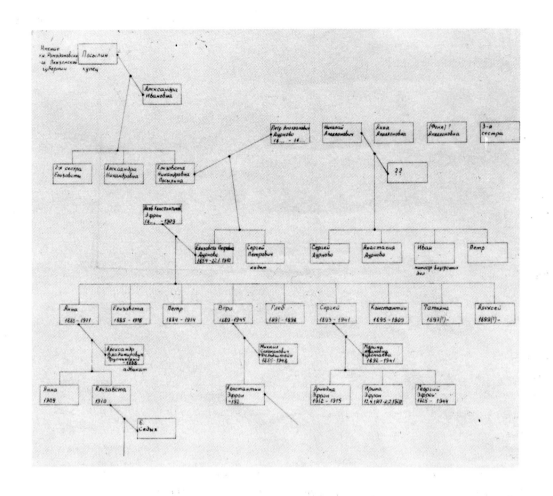

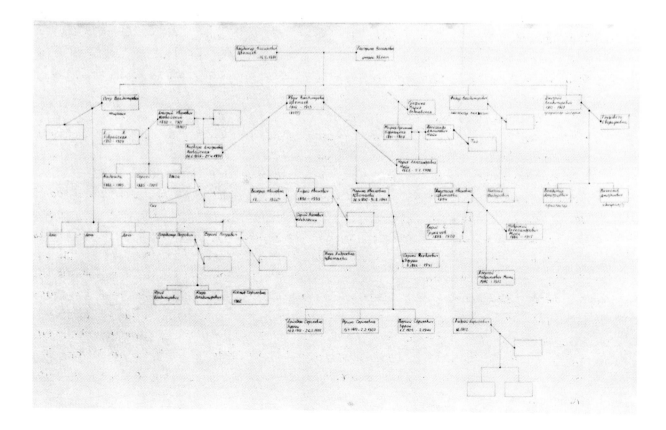

CONTENTS / СОДЕРЖАНИЕ

56 запасной полк, Кремль. (Помните те огромные ключи, которыми Вы нà ночь запирали ворота?) А главное, главное, главное — Вы, Вы сам, Вы с Вашим инстинктом самоистребления. Разве Вы можете сидеть дома? Если бы все остались, Вы бы один пошли. Потому что Вы безупречны. Потому что Вы не можете, чтобы убивали других. Потому что Вы лев, отдающий львиную долю: жизнь — всем другим, зайцам и лисам. Потому что Вы беззаветны и самоохраной брезгуете, потому что «я» для Вас не важно, потому что я все это с первого часа знала!

Если Бог сделает это чудо — оставит Вас в живых, я буду ходить за Вами как собака.

Известия неопределенны, не знаю чему верить. Читаю про Кремль, Тверскую, Арбат, Метрополь, Вознесенскую площадь, про горы трупов. В с.-р. газете «Курская Жизнь» от вчерашнего дня (1-го) — что началось разоружение. Другие (сегодняшние) пишут о бое. Я сейчас не даю себе воли писать, но тысячу раз видела, как я вхожу в дом. Можно ли будет проникнуть в город?

Скоро Орел. Сейчас около 2 ч. дня. В Москве будем в 2 ч. ночи. А если я войду в дом — и никого нет, ни души? Где мне искать Вас? Может-быть, и дома уже нет? У меня все время чувство: это страшный сон. Я все жду, что вот-вот что-то случится, и не было ни газет, ничего. Что это мне снится, что я проснусь.

Горло сжато, точно пальцами. Все время оттягиваю, растягиваю ворот. Сереженька

Я написала Ваше имя и не могу писать дальше.

—

Трое суток — ни с кем ни звука. Только с солдатами, купить газет. (Страшные розовые листки, зловещие. Театральные афиши смерти. Нет, Москва окрасила! Говорят, нет бумаги. Была да вся вышла. Кому — тàк, кому — знак).

Кто-то, наконец: «Да что с вами, барышня? Вы за всю дорогу куска хлеба не съели, с самой Лозовой с вами

ЦВЕТАЕВА: КРАТКАЯ БИОГРАФИЯ

Марина Цветаева родилась 8 октября 1892 года. Ее мать, Мария Александровна Мейн-Цветаева, одаренная пианистка, много сделала, чтобы привить дочери любовь к музыке и живописи. Отец, Иван Владимирович Цветаев, был профессором истории искусств в Московском Университете и стал основателем и первым директором музея Александра III (ныне музей им. Пушкина), первого музея изящных искусств в России. Марину воспитывали гувернантки, затем она училась в гимназии, потом — когда обострившийся туберкулез матери заставил их уехать за границу — в частных школах Швейцарии и Германии (1903-1905), и после 1906 — снова в гимназиях в Москве. В 1909 году Марина одна ездила в Париж — изучать французскую поэзию и посещать лекции в Сорбонне.

Она начала писать стихи в шесть лет, и ее первая книга „*Вечерний альбом*” (1910) была составлена из стихов, написанных между пятнадцатью и семнадцатью годами. Книжка вышла скромным тиражом, но, несмотря на это, ее заметили самые крупные поэты того времени — включая таких, как Гумилев, Брюсов и Волошин. Волошин ввел Цветаеву в литературное общество, прежде всего в группу известных писателей, сотрудничавших с издательством „*Мусагет*”.

В 1911 Цветаева совершила первое путешествие в знаменитый дом Волошина в Коктебеле. Буквально каждый видный русский писатель в 1910-30-е годы хоть раз да побывал в доме Волошина, служившем чем-то вроде гостеприимного общежития. Сергею Эфрону, красивому начинающему литератору, которого Цветаева встретила в Коктебеле во время этого первого визита, суждено было сыграть роковую роль в ее жизни. В краткой автобиографии, написанной в 1939-40, она писала: „Весной 1911 г. в Крыму у поэта Макса Волошина встречаюсь со своим будущим мужем, Сергеем Эфрон. Нам 17 и 18 лет. Я решаю никогда, что бы ни было, с ним не расставаться и выхожу за него замуж.”

Цветаева видела в Эфроне возвышенного и благородного человека действия, тип, который она любила всю жизнь. С самых ранних лет она была сильной, независимой и необычайно романтичной. Многие ее выходки шокировали семью: она остригла волосы, начала курить, путешествовала в одиночку, имела романы. И вот теперь еще вышла за молодого Эфрона, в сущности школьника, ибо он еще учился в Военной академии. Среди ее любимых героев всегда были сильные натуры, романтики, мужчины и женщины, действовавшие в жизни решительно и страстно — Наполеон, Гете, Ростан, Сара Бернар, Мария Башкирцева. Любимая легенда — о Святом Георгии. Во „*Второй книге*” воспоминаний Надежда Мандельштам пишет:

Марина Цветаева произвела на меня впечатление абсолютной естественности и сногсшибательного своенравия. Я запомнила стриженную голову, легкую — про-

сто мальчишескую — походку и голос, удивительно похожий на стихи. Она была с норовом, но это не только свойство характера, а еще жизненная установка. Ни за что не подвергла бы она себя самообузданию, как Ахматова. Сейчас, прочтя стихи и письма Цветаевой, я поняла, что она везде и во всем искала упоения и полноты чувств. Ей требовалось упоение не только любовью, но и покинутостью, заброшенностью, неудачей...

Первый ребенок Эфронов, Ариадна (Аля) родилась 18 сентября 1912 года, из чего можно заключить, что Цветаева была уже беремена, когда выходила замуж в начале того же года. Она продолжала писать и печатать стихи — критика принимала их по-разному. Ее сборник „*Версты*" I представляет из себя лирический дневник 1916 года — именно в этом году поэт Мандельштам влюбился в нее и последовал за ней из Петербурга в Александров, но потом неожиданно оставил. Весна 1916-го прославлена стихами Мандельштама и Цветаевой.

Во время Февральской революции 1917 года Цветаева находилась в Москве. Ее вторая дочь, Ирина, родилась в апреле. Цветаева была свидетельницей жестокостей большевистского переворота в октябре. Из-за гражданской войны она оказалась разлученной с мужем — офицер Эфрон присоединился к белым. Она застряла в Москве и не видела мужа с 1917-го по 1922-ой. В ее дневнике 1917-го есть запись, обращенная к нему: „Если Бог сделает это чудо — оставит Вас в живых, я буду ходить за Вами, как собака."

В свои двадцать пять лет она осталась одна с двумя дочерьми в Москве во время такого страшного голода, какого здесь еще не бывало. Она была чужой по классовому происхождению, чужой по пристрастиям (в это время был ею написан цикл „*Лебединый стан*", прославляющий царя и белых) и ужасно непрактичной. Ей не удалось удержаться на работе, которую подыскали для нее доброжелатели. Зимой 1919-20 она отдала младшую, Ирину, в приют, и девочка умерла там в феврале от недоедания. Детали этой смерти, говорит Надежда Мандельштам, так ужасны, что о них лучше не вспоминать. Несмотря на все это и на собственную нищету, у Цветаевой еще хватало сил делить последний хлеб с другими, например, с Бальмонтом, о котором она проявляла трогательную заботу.

Когда гражданская война пришла к концу и, в основном, закончилась волна первого из трех больших русских исходов этого века, Цветаевой удалось снова связаться с Эфроном — и она согласилась последовать за ним на Запад. В мае 1922-го она эмигрировала и поехала в Прагу через Берлин. Литературная жизнь в Берлине была тогда очень активной (около 70 русских издательств), и у Цветаевой были обширные творческие планы. Несмотря на ее бегство из Советского Союза, самый знаменитый ее сборник „*Версты*" I (1922) был напечатан там; в первые годы политика большевиков в области литературы была еще достаточно либеральной, чтобы позволять таким авторам, как Цветаева, печататься по обе стороны границы.

В Праге Цветаева счастливо жила с Эфроном с 1922 по 1925. В феврале 1925 у них родился сын („Мур"), а осенью она отправилась первой в Париж, где и прожила с семьей следующие 14 лет. В первые годы эмигрантского периода Цветаева активно и успешно участвовала в русской культурной жизни. Она часто публиковалась, и ее скромные гонорары были существенным подспорьем для семьи. Елена Извольская так вспоминает Цветаеву в ее первые годы в Париже:

Это, моя Марина; та, которая трудилась, и писала, и собирала дрова, и кормила семью крохами. Мыла, стирала, шила, своими когда-то тонкими, теперь огрубевшими от работы пальцами. Мне хорошо запомнились эти пальцы, пожелтевшие от куренья, они держали чайник, кастрюлю, сковороду, котелок, утюг, нанизывали нитку в иголку, и затапливали печку. Они же, эти пальцы водили пером или карандашом по бумаге, на кухонном столе, с которого спешно все было убрано. За этим столом Марина писала, — стихи, прозу, набрасывала черновики целых поэм, иногда чертила два, три слова, и какую-нибудь одну рифму, и много, много раз ее переписывала.

Год от года, однако, разные факторы, действуя вместе, способствовали все большей изоляции Цветаевой, превращали ее в отверженную: (1) поэзия ее развивалась в направлениях, которые не находили понимания и должной оценки среди части читателей, — особенно среди эмигрантских критиков, и раньше настроенных к ней отрицательно; (2) число мест, где можно было печататься, и размеры изданий постепенно уменьшались и почти сошли на нет к концу тридцатых; (3) литературные клики, стягивавшиеся под властью политических или религиозных доктрин, приобретали все больше власти в вопросе о том, что следует печатать в оставшихся газетах и журналах; (4) Цветаева отказывалась проклясть все советское огульно — она даже осмелилась одобрительно отозваться о Маяковском, когда он приезжал в Париж в 1928; (5) и наконец, самое важное — Сергей Эфрон открыто стал на сторону Советов. Для Цветаевой это явилось меньшей неожиданностью, чем для других, потому что, как она писала впоследствии, он был из семьи народовольцев, и его настоящей ошибкой было то, что он поначалу присоединился к белым. Так или иначе, теперь он вступил в „Союз возвращения" и принимал активное участие в политической жизни. Ему удалось перетянуть на свою сторону и детей: любимая дочь Марины, Аля, работала во французской коммунистической газете и впоследствии вернулась в Советский Союз в 1937-ом; сын Мур тоже постоянно умолял ее ехать обратно.

Принятие решения было процессом долгим и мучительным. У нее были причины для возвращения — включая угрозу войны и то, что сестра Анастасия жила в Москве, и враждебность парижский издателей. Но и поджидавшие ее опасности были очевидны для всякого мыслящего человека в начале 1930-х. Не все из тех, кто бы мог предостеречь Цветаеву, сделали это. Так, когда Пастернак приезжал в Париж в 1935 (в течение двенадцати лет они переписывались очень активно и посвящали поэмы друг другу), он побоялся сказать ей правду. В своей автобиографии он пытается оправдаться, говоря, что был „сам не свой", страдал от годовой бессоницы, и не смог ничего посоветовать ей, когда она спросила, что ей делать. „У меня на этот счет не было определенного мнения. Я не знал, что ей посоветовать, и слишком боялся, что ей и ее замечательному семейству будет у нас трудно и неспокойно."

Но самого худшего Цветаева не знала: Эфрон начал сотрудничать с ГПУ. Имеющиеся сейчас данные показывают, что он принимал участие в слежке и в организации убийств сына Троцкого, Андрея Седова, и Игнатия Рейса, бежавшего на Запад чекиста, чей изрешеченный пулями труп был найден на окраине Лозанны в сентябре 1937-го. Эфрон укрылся в республиканской Испании в разгаре гражданской войны, затем отправился в Россию. Цветаева заявила властям и друзьям, что она ничего не знала о его деятельности, и отказывалась верить, что Сергей мог стать убийцей.

Теперь судьба Цветаевой была решена. Она стала полным изгоем среди эмигрантов (некоторые из них, как, например, Мережковские, даже в фашизме готовы были находить что-то привлекательное). Еще в начале 30-х ей пришлось вернуться в дешевую квартиру. Стихи писать не удавалось, потому что надо было работать над более „доходной" прозой, и тем не менее она жила в нищете. Сын хотел последовать за сестрой и отцом в СССР. Она часто повторяла, что возвращаться не хочет — письма из России были красноречивым свидетельством о тамошней жизни. Но перчитывая обещание, данное Эфрону в 1917-ом, — „ходить за Вами, как собака", — она написала на полях: „Вот и пойду — как собака (21 год спустя)", и поставила дату 17 июня 1938 (см. факсимиле на стр. 8). В июне 1939-го она отплыла из Гавра в Россию, после того как тщательно разобрала рукописи и оставила их спрятанными в надежных местах, явно отдавая себе отчет в том, что может случиться с ней, но и оставаясь уверенной, что произведения ее не будут забыты.

То, что Цветаевой пришлось выстрадать во Франции, оказалось пустяками по сравнению с тем, что ждало ее в Советском Союзе. Хотя несколько старых друзей и коллег-писателей и приветствовали ее, например, Крученых, она быстро поняла, что места для нее в России нет. Для нее подыскали кое-какую переводческую работу, но где жить и чем питаться оставалось проблемой. Ее избегали. Как никак, она была отверженной, эмигранткой, белогвардейкой, жительницей Западной Европы — и это после чисток и массового террора 1930-х, когда миллионы людей были уничтожены ни за что, не говоря уже о таких преступлениях, какие числились за Цветаевой.

В августе 1939-го дочь ее была арестована и отправлена в ГУЛАГ. Сестру бросили в лагерь еще раньше. Эфрона арестовали и расстреляли — враг народа, человек, который знал слишком много. Цветаева искала помощи у литераторов. Когда она обратилась к Фадееву, всесильному главе Союза советских писателей, он сказал „товарищу Цветаевой", что места для нее в Москве нет, и отправил ее в Голицыно. (Он застрелился полтора десятилетия спустя.) В сентябре 1940-го она написала в записной книжке, что „я год уже (приблизительно) ищу глазами крюк... Я год примеряю смерть. Все уродливо и страшно. Проглотить — мерзость, прыгнуть — враждебность, исконная отвратительность воды. Я не хочу пугать (посмертно), мне кажется, что я себя уже — посмертно — боюсь. Я не хочу умереть. Я хочу не быть. Вздор. Пока я нужна... но, Господи, как я мала, как я ничего не могу! Доживать — дожевывать. Горькую полынь."

Когда летом началось немецкое наступление, Цветаева эвакуировалась в Елабугу, в Татарскую автономную республику. Она чувствовала себя абсолютно беспомощной. Окружающие подкармливали ее. Через несколько дней она совершила поездку в соседний город, где жили другие литераторы; там она просила известных писателей — Федина и Асеева — помочь ей подыскать работу и переехать из Елабуги. Помощи от них она не получила и вернулась в Елабугу в отчаянии. Мур жаловался на жизнь, которую они вели, требовал новый костюм. Денег у них оставалось на две буханки хлеба. В воскресенье, 31 августа 1941 года, оставшись дома одна, Цветаева взобралась на стул, перекинула веревку через балку и повесилась. Она оставила записку, исчезнувшую ныне в архивах милиции. Никто не пришел на ее похороны, состоявшиеся три дня спустя на городском кладбище, и точное местоположение ее могилы неизвестно.

Карл Р. Проффер
Мичиганский университет

TSVETAEVA: A BIOGRAPHICAL NOTE

Marina Tsvetaeva was born October 8, 1892, the daughter of Maria Alexandrovna Meyn-Tsvetaeva, a talented amateur pianist who did much to instill in her daughter love of music and the arts, and Ivan Vladimirovich Tsvetaev, a professor of art history at the University of Moscow. Tsvetaev later became the founder and director of the Alexander III Museum (now the Pushkin Museum), the first museum of the fine arts in Russia. Marina was educated by a variety of governesses, then in public school, and then—when her mother's tuberculosis forced residence abroad—in boarding schools in Switzerland and Germany (1903-1905), and after 1906 in Moscow schools again. In 1909 Marina travelled to Paris alone, apparently to study French poetry and attend lectures at the Sorbonne.

She had begun writing poetry at six, and her first book, *Evening Album* (1910), was made up of lyric poems written between the ages of fifteen and seventeen. Though published privately, it was noticed by some of the most important poets of the day—including Nikolai Gumilyov (Anna Akhmatova's husband, theoretician of Acmeism), Valery Bryusov (Symbolist arbiter of taste), and Max Voloshin—poet and painter, regular reviewer for the modernist journal *Apollo*, indefatigable sponsor and mentor of writers, both young and old. Voloshin introduced Tsvetaeva to literary society, starting with the group of established writers associated with the Musaget publishing house.

In 1911 Tsvetaeva made her first trip to Voloshin's celebrated home in Koktebel on the rocky Crimean coast. Virtually every important Russian writer from the teens through the thirties visited Voloshin's house, which served as an unofficial rest home and dormitory. Sergei Efron, the handsome would-be writer whom Tsvetaeva found in Koktebel on her initial visit there, was to play a fatal role in her life. In a brief autobiography written in 1939-40, she wrote: "In the spring of 1911 at Max Voloshin's house in the Crimea I meet my future husband, Sergei Efron. We are seventeen and eighteen years old. I resolve that no matter what I will never part with him, and I marry him."

Tsvetaeva saw Efron as a high-minded and noble man of action, a type which she loved all her life. From her earliest years she was strong, independent, and fiercely romantic. She did many things to shock her family: she cropped her hair, she started smoking, she took trips by herself and had romances. And now she was marrying young Efron, practically a schoolboy since he was still just a cadet in the Officers' Academy. Among her constant heroes were strong characters, romantics, men and women of action—Napoleon, Goethe, Rostand, Sarah Bernhardt, Maria Bashkirtseva. The myth of St. George was her favorite. In *Hope Abandoned*, Nadezhda Mandelstam writes:

My impression of Tsvetaeva was that she was absolutely natural and fantastically self-willed. I have a vivid recollection of her cropped hair, loose-limbed gait—like a boy's—and speech remarkably like her verse. Her willfulness was not just a matter of temperament but a way of life. She could never have reined herself in, as Akhmatova did. Reading Tsvetaeva's verse and letters now I realize that what she always needed was to experience every emotion to the very utmost, seeking ecstasy not only in love, but also in abandonment, loneliness, and disaster.

The Efrons' first child, Ariadna (Alya) was born September 18, 1912, which probably means that Tsvetaeva was pregnant when she got married earlier that year. She continued writing and publishing poetry, with mixed critical reaction. Her later collection *Mileposts I* is a lyric diary for the year 1916—the year in which the poet Osip Mandelstam fell in love with her and followed her from St. Petersburg to Alexandrov before suddenly giving up, a spring celebrated in poetry by both Mandelstam and Tsvetaeva.

Tsvetaeva was in Moscow during the February 1917 Revolution. Her second daughter, Irina, was born in April 1917. Then Tsvetaeva witnessed the brutalities of the Bolshevik coup in October. As a result of the Civil War, Tsvetaeva was separated from Efron, who joined the Whites as an officer. She was stranded in Moscow and did not see her husband from 1917 to 1922. In her diary for 1917 she wrote, addressing him: "If God leaves you among the living, I will serve you like a dog."

At the age of twenty-five she was alone with two little girls in Moscow during the hungriest years in its history. She was from the wrong class, she had the wrong sympathies (the cycle entitled *The Demesne of the Swans*, glorifying the Tsar and the Whites, was written at this time), and she was terribly impractical. She failed to hold the civil service jobs arranged by well-wishers. In the winter of 1919-20 she gave up her baby Irina to an orphanage, and the child died of malnutrition in February. The details, says Nadezhda Mandelstam, are too awful to tell. In spite of this, and her own poverty, Tsvetaeva had strength enough to share her last bread with others, notably the once-famous poet Balmont, whom she cheerfully cared for.

When the Civil War came to an end and the first of the three Russian emigrations in this century was largely accomplished, Tsvetaeva reestablished contact with Efron—and agreed to follow him to the West. In May 1922 she emigrated, heading for Prague by way of Berlin. Literary life was extremely active in Germany (there were over seventy Russian publishing houses), and many literary plans were made by Tsvetaeva. In spite of her departure from the Soviet Union, her most famous collection, *Mileposts I* (1922), was published there; and for a few brief years Bolshevik literary politics were just liberal enough for writers such as Tsvetaeva to publish on both sides of the border.

Tsvetaeva lived happily in Prague with Efron from 1922 to 1925. In February 1925 their son ("Mur") was born, and in the fall she preceded the family to Paris, where she would live for the next fourteen years. During the first years of her life in emigration Tsvetaeva took an active and welcome part in Russian cultural life. She published widely, and her modest literary income was important to the family. Helene Iswolsky recalled Tsvetaeva's early years in Paris:

This was my *Marina, she who worked, and wrote, and gathered wood, and fed her family crumbs. She washed the dishes, did the laundry, and the sewing, with her once delicate fingers, now coarsened by work. I remember her fingers well—yellowed from smoking, they held teapot, sauce pan, frying pan, cooking pot, and iron; they threaded the needle and they stoked the stove. The same fingers guided her pen or pencil across the paper, on the kitchen table from which everything had been removed in a rush. Marina used to write at this table, poetry, prose, doing drafts of whole long poems, sometimes doodling two or three words, and she would copy some particular rhyme over and over* many, many *times.*

Over the years, however, several factors worked together to gradually isolate Tsvetaeva and make her an outcast: (1) her poetry advanced in ways which were not understood or appreciated by some readers—especially those emigre critics who were already rather negative toward her, (2) the number of places one could publish, and the sizes of editions, gradually diminished, almost to nothing by the end of the thirties, (3) literary cliques dominated by political or religious mystagogues became progressively more powerful in controlling what was published in the remaining papers and journals, (4) Tsvetaeva refused to condemn everything Soviet—indeed she even dared to praise the poet Mayakovsky when he visited Paris in 1928, and finally, most important, (5) Sergei Efron openly changed into a Soviet sympathizer. —This was less a surprise to Tsvetaeva than others, because as she later wrote, he was from a People's Will (terrorist) family, and his real mistake was in joining the Whites in the first place. In any event, he now joined the Union for Return (to the USSR), and he was active politically. He was successful in converting his own children: Marina's beloved daughter Alya worked for a French Communist newspaper, and then in 1937 returned to the Soviet Union; her son Mur continually begged to go back.

It was a long and agonizing process of decision. She did have reasons to return—including the threat of war, the presence of her sister Anastasia in Moscow, the hostility of Paris's editors and publishers at very least. But the dangers were obvious to any intelligent person by the early 1930s. Not everyone who should have warned her did warn Tsvetaeva. Thus, when Pasternak came to Paris in 1935 (for over twelve years they had been corresponding with great intensity and dedicating poems to each other), he was afraid to tell the truth. In his autobiography he weakly apologizes, saying he "was not himself," had been suffering from insomnia, and when she asked him what to do, "I had no definite opinion to offer on the matter. I did not know what to advise her, and was extremely afraid that she and her remarkable family would have a hard and troubled time in Russia."

But the worst was unknown to Tsvetaeva: Efron had begun working for the Soviet secret police, the GPU. Evidence now available shows that he took part in the surveillance and helped organize the murders of Trotsky's son, Andrei Sedov, and Ignaty Reis, a GPU defector whose bullet-riddled corpse was found on the outskirts of Lausanne in September 1937. Efron disappeared into Republican Spain under cover of civil war, and then to Russia. Tsvetaeva told authorities and friends that she knew nothing about his activities, and she refused to believe that Sergei could be an assassin.

This sealed Tsvetaeva's own fate. Now she was almost completely ostracized by fellow émigrés (including those, such as the Merezhkovskys, who were Fascist sympathizers). She had been forced to move to cheap lodgings back in the early 1930s. Poetry went unwritten so that she could write more 'profitable' prose, and still she lived in poverty. Her son wanted to follow his sister and father to the USSR. She had often said she did not want to return, noting that letters from Russia were eloquent testimony to what life was like there. But re-reading her 1917 promise to serve Efron "like a dog," she wrote in the margin: "And here I am, about go to—like a dog (21 years later)," and dated the note June 17, 1938 (see facsimile on p. 8, above). In June 1939 she left Le Havre for Russia, after carefully revising manuscripts and depositing them in various safe places, obviously aware of what might happen to her, but confident that her works would not be forgotten.

What Tsvetaeva suffered in France was nothing compared to what awaited her in the Soviet Union. Although she was greeted by a few old friends and fellow writers, such as Kruchenykh, she quickly discovered there was no place for her in Russia. A few translating jobs were found, but again housing and food became a problem. And she was shunned. After all, she was an outcast, an émigrée, a White, someone who had lived in Western Europe—and this was already after the purges and mass murders of the 1930s when millions suffered for nothing at all, let alone such crimes as Tsvetaeva's.

In August 1939 her daughter was arrested and sent into the GULAG. Her sister was was in the camps. Efron was arrested and shot—an enemy of the people, a man who knew too much. Tsvetaeva went to other writers for help. When she knocked on colleagues' doors she rarely found welcome or assistance. When she appealed to Fadeev, powerful head of the Union of Soviet Writers, he told "Comrade Tsvetaeva" that there was no room for her in Moscow, and sent her to Golitsyno. (Years later he shot himself.) In September of 1940 she wrote in her notebook that "for about a year" she had been "looking around for a hook": "I have been trying death on for a year. It's all ugly and terrifying. Poison is vile, drowning—repulsive, elemental revulsion to water. I don't want to be scary (posthumously); I think I am already posthumously afraid of myself. I do not want to die, I [just] want *not to be*. Rubbish. As long as I am needed... but, Lord, how tiny I am, I can do nothing at all. Dragging it out—is drinking the dregs. Bitter wormwood."

When the German summer offensive came, Tsvetaeva was evacuated to Elabuga in the Tatar Autonomous Republic. She felt utterly helpless. Others fed her. After a few days she made a trip to a nearby city where other writers were living; there she asked establishment writers Fedin and Aseev to help her find work and move from Elabuga. They were of no help, and in despair she returned to Elabuga. Mur kept complaining of their life, insisting he had to have new clothes. They had enough money left for two loaves of bread. On Sunday, August 31, 1941, when she was alone in the house, Tsvetaeva climbed onto a chair in the entranceway, put a rope over a beam, and hanged herself. She left a note which is now buried in Soviet police archives. No one attended her burial in the city cemetery three days later, and the exact location of her grave is not known.

Carl R. Proffer
University of Michigan

ЦВЕТАЕВА
TSVETAEVA

МАРИНА ЦВЕТАЕВА, 1893
MARINA TSVETAEVA, 1893

Красною кистью
Рябина зажглась.
Падали листья.
Я родилась.

Спорили сотни
Колоколов.
День был субботний:
Иоанн Богослов...

16 августа 1916

The red berries of the
Rowan tree turned to flame.
The leaves were falling.
I was born.

Hundreds of bells
Were debating.
It was a Saturday:
St. John the Theologian's...

August 16, 1916

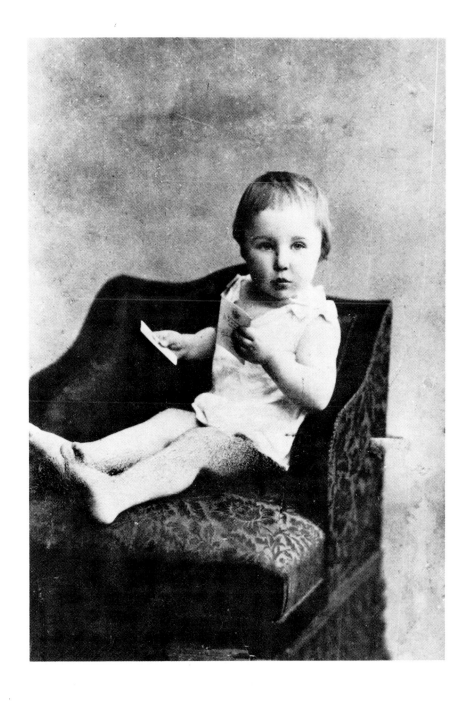

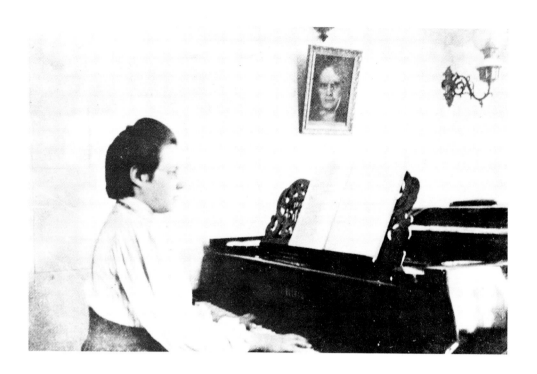

МАРИНА ЦВЕТАЕВА. Коктебель 1911
MARINA TSVETAEVA. Koktebel 1911

...5 мая 1911 г. после целого чудесного месяца одиночества на развалинах генуэзской крепости в Гурзуфе в веском обществе пятитомного Калиостро и шеститомного Консуэлы, после целого дня певучей арбы по дебрям Крыма, я впервые вступила на Коктебельскую землю.

Кламар, 7 февраля 1933

...On the fifth of May 1911, after an entire marvelous month of solitude among the ruins of the Genoese fortress in Gurzuf, in the weighty company of the five-volume Cagliostro and the six-volume Consuelo, after a whole day of singing ox-cart through the wilds of the Eastern Crimea, I set foot on Koktebel soil for the first time.

Clamart, February 7, 1933

Коктебель 1911 Koktebel

Коктебель 1911 Koktebel

1912

В огромном липовым саду —
Невинном и старинном —
Я с мандолиною иду
В наряде очень длинном.

Вдыхая теплый запах нив
И зреющей малины,
Едва придерживая гриф
Старинной мандолины.

Пробором кудри разделив...
Тугого шелка шорох,
Глубоко вырезанный лиф
И юбка в пышных сборах.

Мой шаг изнежен и устал
И стан, как гибкий стержень,
Склоняется на пьедестал,
Где кто-то ниц повержен...

2 января 1914

In a huge linden park—
Innocent and ancient—
I walk with a mandolin,
In a long, long garment.

Inhaling the warm smell of grainfields
And of ripening raspberry,
Barely gripping the neck
Of the ancient mandolin.

Having divided my curls with a part...
The rustle of stiff silk,
A deeply cut-out bodice,
And a skirt in voluminous folds.

My gait is delicate and weary
And my torso, like a supple rod,
Inclines toward the pedestal
Where someone is cast face down...

January 2, 1914

23

МАРИНА ЦВЕТАЕВА. 1916
MARINA TSVETAEVA. 1916

Я неистощимый источник ересей. Не *зная* ни одной, исповедую их все. Может быть, и творю.

Москва, 1919

I am an inexhaustible sources of heresies, without *knowing* a single one, I profess them all. Perhaps even create them too.

Moscow, 1919

МАРИНА ЦВЕТАЕВА. 1917
MARINA TSVETAEVA. 1917

В очи взглянула
Тускло и грозно.
Где-то ответил — гром.
— Ох, молодая!
Дай, погадаю
О земном талане твоем.

Синие тучи свились в воронку.
Где-то гремит, — гремят!
Ворожея в моего ребенка
Сонный вперила взгляд.

,,Что же нам скажешь?''
— Все без обману.
,,Мне уже поздно,
Ей еще рано''.

— Ох, придержи язык, красота!
Что до поры говорить ,,не верю''. —
И распахнула карточный веер
Черная — вся в серебре — рука.

— Речью дерзка,
Нравом проста,
Щедро живешь,
Красоты не копишь.
В ложке воды тебя — ох — потопит
Злой человек.

Скоро в ночи тебе путь нежданный.
Линии мало,
Мало — талану.
Позолоти! —

И вырастает с ударом грома
Черный — на черном — туз.

Май 1917

She looked into my eyes
Wanly and threateningly.
Somewhere thunder answered.
"Oh, young lady!
Let me tell your fortune,
Your destiny on earth."

Blue clouds twisted into a funnel.
Somewhere it thunders—they thunder!
The fortune-teller has fixed
Her sleepy eye on my child.

"What can you tell us?"
"Everything without deceit."
"It's too late for me,
And still too early for her..."
"Oh, hold your tongue, my beauty!
Why say 'I don't believe you' too soon?"
And a hand spread a fan of cards,
A black hand—decked in silver.

You are bold of speech,
You are simple of disposition,
You live generously,
You don't hoard your beauty.
In a spoon of water you will be—oh!—drowned
By an evil man.

Soon an unexpected path awaits you in the night.
You have too few lines,
Too little luck.
Gild it. —

And a black ace—on black—
Rises up with a clap of thunder.

May 1917

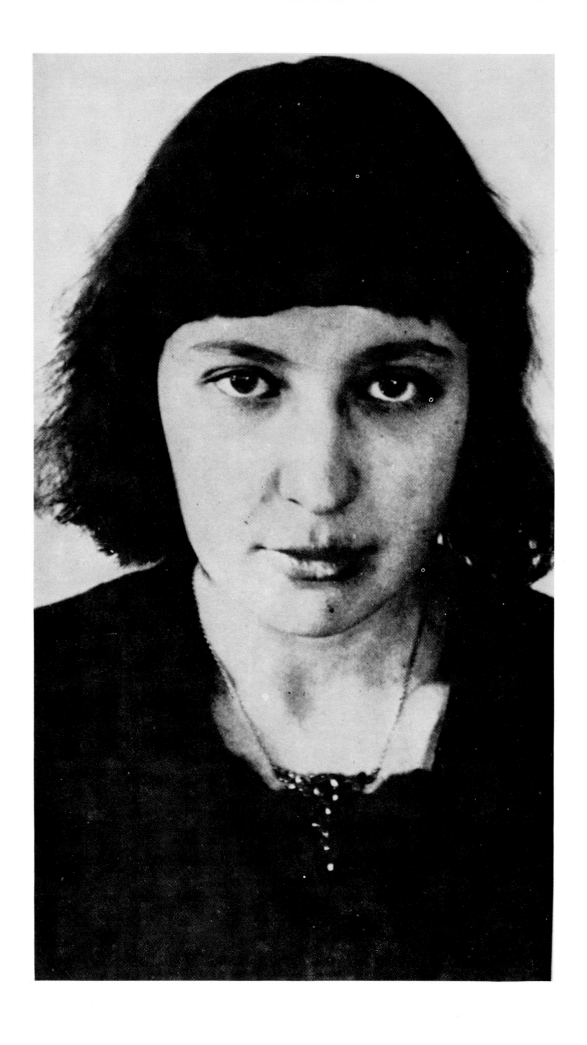

МАРИНА ЦВЕТАЕВА. 1917
MARINA TSVETAEVA. 1917

"Вся жизнь делится на три периода: предчувствие любви, действие любви и воспоминание о любви."

Я: — Причем, середина длится от 5-ти лет до 75-ти, да?

Москва, 1918-19

"All of life is divided into three periods: the premonition of love, the action of love, and the recollection of love."

I: "And the middle lasts from age five to age seventy-five, doesn't it?"

Moscow, 1918-19

Прага 1924, Prague

← МАРИНА ЦВЕТАЕВА. 1917
MARINA TSVETAEVA. 1917

Моя душа чудовищно-ревни-ва: она бы не вынесла меня красавицей. . . . Говорить о внешности в моих случаях —неразумно: дело так явно и настолько — не в ней!

Москва, 1918-19

My soul is monstrously jealous: had I been a beautiful woman, it could not have endured me . . . . Talking about looks in my case is foolish—appearance is so obviously and so very much not the issue.

Moscow, 1918-19

27

МАРИНА ЦВЕТАЕВА. Прага, 1924
MARINA TSVETAEVA. Prague, 1924

"Какие удивительные стихи Вы пишете! Как больно, что
сейчас Вы больше меня! Вообще — Вы — возмутительно боль-
шой поэт. Говоря о щемяще — малой, неуловимо электризую-
щей прелести, об искре, о любви — я говорил *об этом*. Я *точно*
это знаю. . . О, как я Вас люблю, Марина! Так вольно, так при-
рожденно, так обогащающе ясно. . . . А потом будет лето нашей
встречи. Я люблю его за то, что это будет встреча со знающей
силой, т.е. то, что мне ближе всего и что я только в музыке
встречал, в *жизни* же не встречал никогда."

Из письма Б. Пастернака М. Цветаевой. 14.6.1924

"What astounding poetry
you write! How painful it is that
you are bigger than I am now!
Altogether, you are an outrage-
ously big poet. When I spoke
about the plaintively-small, the
subtly electrifying charm, about
the spark, the love—I was talking
about that. I know it *for cer-
tain* . . . . Oh, how I love you,
Marina! So freely, so innately,
so enrichingly clearly. . . . And
then the summer of our meeting
will come. I love it because it will
be a meeting with a *knowing*
force, i.e., what is closest to me
and what I have encountered only in music, but never in *life*."

*From a letter of Pasternak
to Tsvetaeva, June 14, 1924*

"Вы сейчас (в феврале этого года) вошли в мою жизнь после большого моего опустошения: только что кончила большую поэму (надо же как-нибудь назвать!) не поэму, а наваждение, и не я ее кончила, а она меня, — расстались, как разорвались! — и я, освобожденная, уже радовалась: вот буду писать самодержавные стихи и переписывать книгу записей, — исподволь — и все так хорошо пойдет.

И вдруг — Вы: "дикий, скользящий, растущий..." (олень? тростник?) с Вашими вопросами Пушкину, с Вашим чертовым соловьем, с Вашими чертовыми корпусами и конвоирами! (И вот уже стих: с ангелами не игрывала!).

Из письма М. Цветаевой Б. Пастернаку. 14 нов. февраля 1923 г. Мокропсы.

"You have just (in February of this year) entered into my life after my great devastation: I have just finished a long poem (one has to call it *something!*), not a poem, a state of possession, and I did not finish it, but it me—we parted, how we were torn apart!—and I, set at liberty, was already rejoicing: now I will write poems by my own will, and I will rewrite my books of notes —at my leisure—and everything will go well.

And suddenly—you: "Wild, gliding, rising..." (a deer? a reed?) with your questions about Pushkin, with your devil's nightingale, with your devil's corps and convoys. (And then comes the line: She was not playing with the angels!)"

From a letter of Tsvetaeva to Pasternak. February 14, N.S., 1923. Mokropsy.

Чехия 1923-1924 Czechoslovakia   Париж 1925 Paris

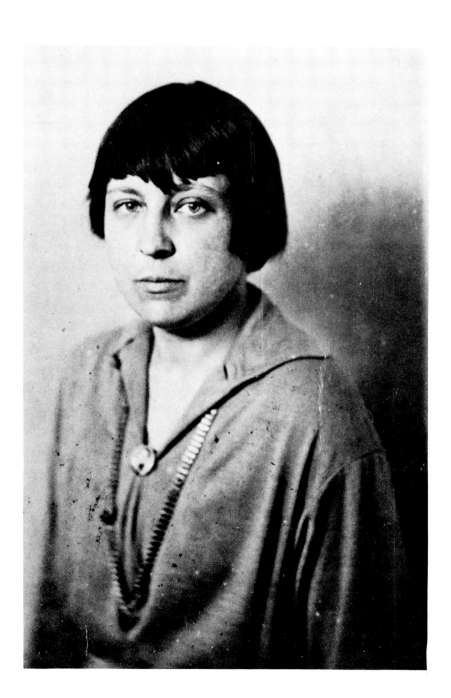

МАРИНА ЦВЕТАЕВА. Париж, конец 1925
MARINA TSVETAEVA. Paris, end of 1925

Я не люблю жизни как таковой, для меня она начинает значить,
т.е. обретать смысл и вес — только преображенная, т.е. — в
искусстве. Если бы меня взяли за океан — в рай — и запретили
писать, я бы отказалась от океана и рая. Мне вещь *сама по себе*
не нужна.

Из письма Цветаевой к А. Тесковой, Париж, 30 дек. 1925

I have no love for life as such; for me it begins to have significance,
i.e., to acquire meaning and weight, only when it is transformed, i.e.,
into art. If I were transported beyond the sea—into paradise—and
forbidden to write, I would renounce the sea and paradise. I don't
need life *as a thing in itself.*

From a letter of Tsvetaeva to A. Tesková, Paris, Dec. 30, 1925

МАРИНА ЦВЕТАЕВА. Франция, конец 1920-х — Начало 1930-х
MARINA TSVETAEVA. France, end of the 1920s, beginning of 1930s

Человечность через брак или любовь, —через *другого* — и непременно —*его* — для меня *не в цене.* Согласны ли Вы со мной? Ведь иначе выходит, что так, какая-то половинка, летейская тень, жаждущая воплощения. . . . А Сельма Лагерлеф *никогда* не вышедшая замуж? А — Вы? А я, пяти, пятнадцати лет? Брак и любовь личность скорее разрушают, это испытание. Так думали и Гете, и Толстой. А ранний брак (как у меня) вообще катастрофа, удар на всю жизнь. Я в такое лечение не верю.

Из письма Цветаевой к А. Тесковой, Кламар, 26 мая 1934

Becoming human by means of marriage or love—by means of *another person*—and necessarily a *man*—has *no value* for me. Do you agree with me? Otherwise, if that is how you become human, then you are some sort of half-creature, a Lethean shade longing to take on flesh and blood. . . . And Selma Lagerlöf, who *never* got married? And you? And me—at five, at fifteen years of age? Marriage and love more often destroy the individual; they are an ordeal. That was Goethe's opinion and Tolstoi's. And an early marriage (such as mine) is a total catastrophe, a blow delivered for a whole life-time. I don't believe in this sort of cure.

From a letter of Tsvetaeva to A. Tesková, Clamart, May 26, 1934

Париж 1925 Paris

МАРИНА ЦВЕТАЕВА, Франция, середина 1930-х
MARINA TSVETAEVA, France, mid-1930s

Вопрос о возврате в Россию — лишь частность вопроса о любви вблизи и любви — издалека, о любви-воочию — пусть искаженного до потери лика и о любви в духе, восстанавливающей лик. О любви — невтерпеж, сплошь на уступках, и о любви нетерпящей — искажения того, что любовь.

   Цветаева, Своими путями, *№ 8-9, 1925*

The question of returning to Russia is only a detail of the question of love at close hand and of love from afar, of love-in-the-here-and-now, no matter if it be disfigured until its true image is lost, and of love in the spirit, which restores and renews the true image. Of love that gets fed up, that is all concessions, and of love that will not concede any distortion of what love is.

   Tsvetaeva, Our Ways, *No. 8-9, 1925*

Париж, колониальная выставка, июнь 1931
Paris, colonial exhibition, June 1931

МАРИНА ЦВЕТАЕВА. Франция, 1932
MARINA TSVETAEVA. France, 1932

Меня не купишь. В этом вся суть. Меня можно купить только сущностью (то есть — сущность мою!). Хлебом вы купите: лицемерие, лжеусердие, любезность — всю мою пену... если не накипь.

Купить — откупиться. От меня не откупишься.

Купить меня можно — только небом в себе!

Небом, в котором мне, может быть, не будет места.

М. Цветаева, *"О благодарности"*

You can't buy me. That is the whole point. You can buy me only in essence (i.e., my essence). With bread you can buy: hypocrisy, pretense, kindness, all my things on the surface...if that isn't scum.

To buy is to buy oneself off. You can't buy yourself off from me.

You can buy me only with the whole sky in yourself.

A whole sky in which, perhaps, there is no place for me.

M. Tsvetaeva, *"On Gratitude"*

МАРИНА ЦВЕТАЕВА. Москва, июнь 1941
MARINA TSVETAEVA. Moscow, June 1941

Я год примеряю смерть. Все уродливо и страшно.
. . . Я не хочу пугать (посмертно), мне кажется,
что я себя уже посмертно — боюсь. Я не хочу
умереть, я не хочу быть. Вздор. Пока я нужна...
но, Господи, как я мала, как я ничего не могу.
Доживать — дожевывать. Горькую полынь.

Отрывок из дневника М. Цветаевой

I have been trying death on for a year. Everything is
ugly and terrifying. . . . I don't want to scare people
(posthumously); I think that I am already posthumously afraid of myself. I do not want to die, I do
not want to exist. Nonsense. As long as I am needed...
but, Lord, how tiny I am, I can do nothing at all.
Dragging it out—is drinking the dregs. Bitter wormwood.

From Tsvetaeva's diary.

МАРИНА ЦВЕТАЕВА. Москва, 1940
MARINA TSVETAEVA. Moscow, 1940

Сегодня (26 сентября по старому) Иван Богослов — мне 48 лет. Поздравляю себя. Тьфу, тьфу,
тьфу с исцелением, а может быть с 48-ью годами
непрерывной души. Моя трудность (для писания
стихов и может быть для других — понимание)
в невозможности моей задачи, например, словами
(то есть смыслами) сказать стон: а — а —а.

Словами, смыслами сказать звук. Чтобы
в ушах осталось одно а — а — а. Зачем такие
задачи.

Отрывок из дневника М. Цветаевой

Today (September 26, Old Style), John the Theologian's feast day, I am forty-eight years old. I con-
gratulate myself. Knock on wood—about getting
well and maybe about forty-eight years of a soul's
uninterrupted existence. My difficulty (in writing
poems—and perhaps other people's difficulty in
understanding them) is in the impossiblity of my
goal, for example, of using words to express a moan:
ah—ah—ah.

To express a sound using words, using mean-
ings. So that the only thing left in the ears would
be ah—ah—ah. Why have such goals?

From Tsvetaeva's diary.

II. ЦВЕТАЕВА В ГРУППАХ / TSVETAEVA IN GROUP PHOTOGRAPHS

Слева: Анастасия Цветаева; сзади,
вторая слева: Марина Цветаева. Нерви,
1902
Left: Anastasia Tsvetaeva; behind, second
from left, Marina Tsvetaeva. Nervi, 1902

Мне кажется, ни в одном из стихов Марины о детстве так не ска-
залась вся сущность ее натуры,
как в написанном позднее — с
воспоминанием о детстве. . .

Чтоб пел надменный голос:
— Гибель — здесь, а там — тюрьма,
Чтобы ночь со мной боролась,
Ночь сама!

Чтобы все враги — герои,
Чтоб войной кончался пир,
Чтобы в мире было двое:
Я и мир!

      А. Цветаева, *Воспоминания*

It seems to me that the whole essence of Marina's character was not
as well articulated in any of her
poems about childhood as well as it
was in one written later—reminiscing
about childhood. . .

May a haughty voice sing:
— Perdition is here; prison is there.
May the night engage me in combat,
Night itself!

May all enemies—be heroes,
May feasting end in war,
May there be two in the world:
The world and I!

      A. Tsvetavea, *Memoirs*

Фотография кабинетного размера (Владислав Александрович Кобылянский сидит в непринужденной своей и чуть иронической позе, а по обе руки — Маруся и я; Маруся у его правой руки, я — у левой, в темно-серых, с черной каймой воротников, матросских платьях, коротковолосые, русые, вокруг его ослепительной черноты) отсалась нам как вещественное доказательство яви тех дней.

А. Цветаева, *Воспоминания*

A desk-sized photograph (Vladislav Alexandrovich Kobyliansky is sitting in his relaxed and faintly ironic pose with Marusya and me on either side: Marusya on his right, I on his left, wearing dark gray sailor dresses with black eding on their collars, short-haired, fair-haired, against his blinding black-hairedness) remained for us a kind of material evidence of the reality of those days.

A. Tsvetaeva, *Memoirs*

Анастасия и Марина, В. А. Кобылянский, 1903
Anastasia and Marina, V. A. Kobyliansky, 1903

Стоишь у двери с саквояжем,
Какая грусть в лице твоем!
Пока не поздно, хочешь скажем,
В последний раз стихи вдвоем!
. . . . .

Пусть повторяет общий голос
Доныне общие слова,
Но сердце на два раскололось
И общий путь — на разных два.
. . . .

Пора. Завязаны картонки,
В ремни давно затянут плед.
Храни, Господь, твой голос звонкий
И мудрый ум в шестнадцать лет!

Когда над лесом и над полем
Все небеса замрут в звездах,
Две неразлучных к разным долям
Помчатся в разных поездах.*

*Стихотворение написано перед
замужеством обеих и посвящено
А. Цветаевой.

You stand at the door with your travelling bag,
What sadness is in your face,
Before it is too late, let us two
Recite a poem together one last time!
. . . . .

Let our shared voice repeat
The words we've shared until now,
But our heart has been split in two,
And our shared path—goes two different ways.
. . . . .

It's time. The boxes are tied up,
The travelling rug was strapped up long ago.
Preserve, O Lord, your ringing voice
And wise mind at sixteen years.

When up above the woods and fields
All the heavens die away in stars,
Two inseparable women will be heading
To different destinies on different trains.*

*This poem was written before the two
sisters were married and dedicated to
Anastasia.

Марина и Анастасия, 1905
Marina and Anastasia, 1905

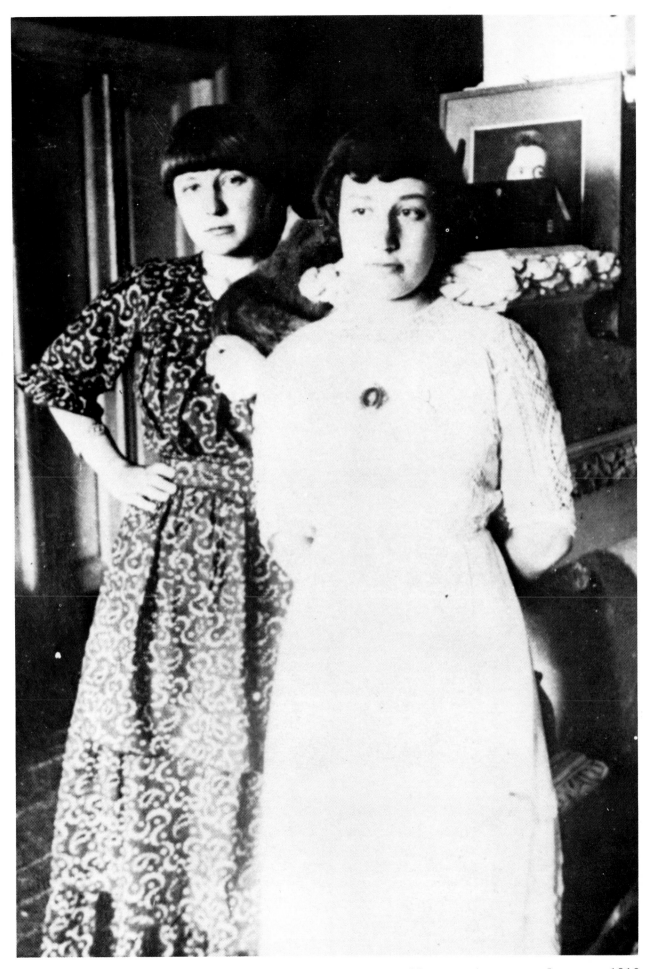

Марина и Анастасия, Феодосия 1913
Marina and Anastasia, Feodosia 1913

Марина (справа), Анастасия и Н. Н. Миронов, 1916
Marina (right), Anastasia and N. N. Mironov, 1916

Слева направо: Вера Эфрон, Сергей Эфрон, Марина Цветаева, Лиля Эфрон, Володя Соколов, Майя Кудашева, Михаил Фельдштейн, Леня Фейнберг. (Дети — неизвестные.) Коктебель, 1911
Left to right: Vera Efron, Sergei Efron, Tsvetaeva, Lilia Efron, Volodya Sokolov, Maya Kudasheva, Mikhail Feldstein, Lenya Feinberg. (Children — unknown.) Koktebel, 1911

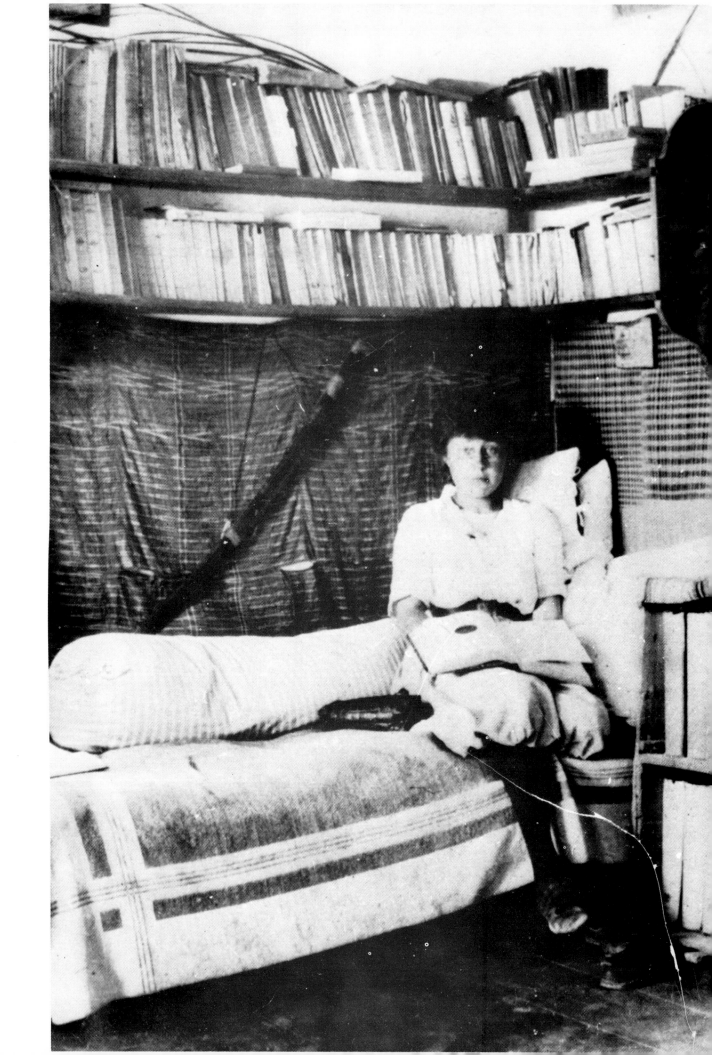

Сергей и Марина, в доме
Волошина, 1911
Sergei and Marina, in Volo-
shin's house, 1911

Отъезд Цветаевой из Коктебеля, 1913
Tsvetaeva's departure from Koktebel, 1913

Гладит собаку М. Цветаева, за ее спиной С. Эфрон,
рядом Е. О. Волошина и М. А. Волошин. Коктебель 1913
Petting the dog—Tsvetaeva, behind her S. Efron, beside
her E. O. Voloshin and M. A. Voloshin. Koktebel 1913

Слева направо: Сергей Эфрон, Цветаева, Володя Соколов; во втором ряду: Вера Эфрон, Лиля Эфрон и Леня Фейнберг. Коктебель, 1911
Left to right: Sergei Efron, Tsvetaeva, Volodya Sokolov;· in the second row: Vera Efron, Lilia Efron, and Lenya Feinberg. Koktebel, 1911

Слева направо: Коля Беляев, С. Эфрон, М. Цветаева, Анастасия Цветаева, Вера Эфрон,
М. Волошин, Лиля Эфрон, Белла Фейнберг, Мария Гехтман, Е. О. Волошина, Миша (?),
Коктебель 1911. Left to right: Kolya Belyaev, S. Efron, M. Tsvetaeva, Anastasia Tsvetaeva,
Vera Efron, M. Voloshin, Lilia Efron, Bella Feinberg, Maria Gekhtman, E. O. Voloshina,
Misha (?), Koktebel 1911

Слева направо: Е. О. Волошина, Вера Эфрон, С. Эфрон, М. Цветаева, Маня Гехтман,
Бэлла Фейнберг. Коктебель 1911. Left to right: E. O. Voloshina, Vera Efron, Sergei Efron
Tsvetaeva, Manya Gekhtman, Bella Feinberg. Koktebel 1911

Слева направо: Вера Эфрон, М. Цветаева, Е. Эфрон, М. Гехтман, А. Цветаева, С. Эфрон, Б. Фейнберг, Е. О. Волошина. Коктебель 1911. Left to right: Vera Efron, M. Tsvetaeva, L. Efron, M. Gekhtman, A. Tsvetaeva, S. Efron, B. Feinberg, E. O. Voloshina. Koktebel 1911

Слева направо: Е. О. Волошина, В. Эфрон, Володя Соколов, Е. Эфрон, Майя Кудашева, С. Эфрон, Магда Нахман, М. Цветаева. Коктебель 1913. Left to right: E. O. Voloshina, V. Efron, Volodya Sokolov, Elizaveta Efron, Maya Kudasheva, S. Efron, Magda Nakhman, M. Tsvetaeva. Koktebel 1913.

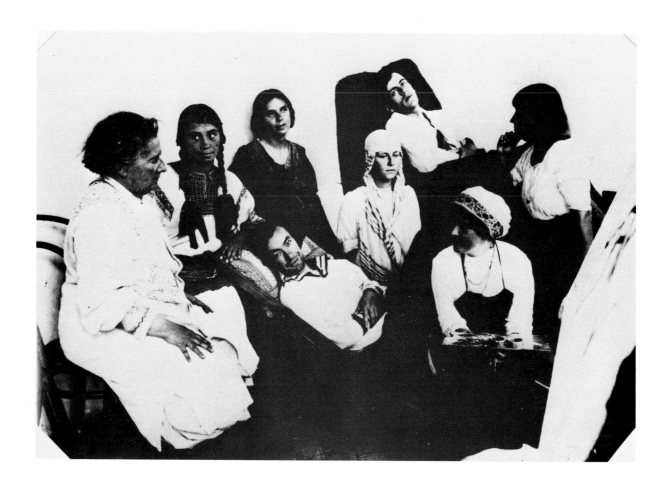

Марина и Сергей, 1911
Marina and Sergei, 1911

Слева направо: художники К. Кандауров и К. Богаевский, В. Эфрон, М. Волошин, Лиля Эфрон, Цветаева и Пра. 1912
Left to right: the artists K. Kandaurov and K. Bogaevsky, V. Efron, M. Voloshin, Lilia Efron, Tsvetaeva and Pra. 1912

В квартире поэтессы А. Герцык. У дверного косяка Цветаева. В глубине—Н. А. Бердяев. 1910-1912
In the apartment of the poetess A. Gertsyk. By the door-post is Tsvetaeva. N. A. Berdyaev is in the background. 1910-1912

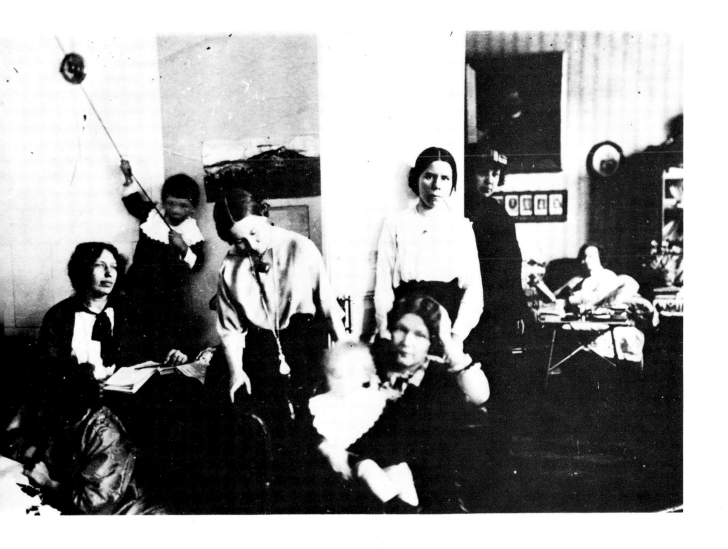

Сергей и Марина, 1911
Sergei and Marina, 1911

Весной 1911 г. в Крыму у
поэта Макса Волошина
встречаюсь со своим буду-
щим мужем, Сергеем Эф-
рон. Нам 17 и 18 лет. Я
решаю никогда, что бы ни
было, с ним не расста-
ваться и выхожу за него
замуж.

Из автобиографии

In the spring of 1911 at the
poet Max Voloshin's house
in the Crimea I meet my future husband, Sergei Efron.
We are seventeen and eighteen years old. I resolve
never, no matter what, to
separate from him, and I
marry him.

From an autobiography

Слева направо: Ася, Е. О. Волошина, Марина,
М. Гехтман. Коктебель, 1913
Left to right: Asya (Anastasia), E. O. Voloshina,
Marina, M. Gekhtman. Koktebel, 1913

Е. О. Волошина, Марина и Ася. Коктебель, 1913
E. O. Voloshina, Marina and Asya. Koktebel, 1913

Е. О. Волошина, Марина, Ася, Вера, Сергей и Лиля Эфрон. 1913
E. O. Voloshina, Marina, Asya, Vera, Sergei and Lilia Efron. 1913

Е. О. Волошина и Марина. 1913
E. O. Voloshina and Marina. 1913

Елена Оттобальдовна Волошина... лицо старого Гете, германское
и явно божественное. Первое впечатление — осанка. Царственность
осанки: двинется — рублем подарит. Чувство возвеличенности от
одного ее милостивого взгляда. Второе, естественно вытекающее
из первого — опаска: такая не спустит. Чего? Да ничего. Величест-
венность при маленьком росте, величие из низу, наше поклонение
— сверху... Глубочайшая простота... Праматерь. Матерь здешних
мест, ее орлиным оком открытых и ее трудовыми боками обжи-
тых. Верховод всей нашей молодости — прародительница рода,
так и не осуществившегося. Праматерь — Матриарх — Пра.

М. Цветаева, Живое о живом (1933)

Elena Ottobaldovna Voloshina... the face of the aged Goethe, obviously
Germanic and obviously god-like. The first impression is—her bearing.
The imperiousness of her bearing. If she were to move, she would fa-
vor you with a gift. The feeling of being raised in magnitude just from
her benign glance. The second, flowing naturally out of the first:
apprehension. A woman like that will not give way. To what? To anything. Grandeur where there is small stature, greatness ascending from
below; our generation—seen from above... The profoundest simplicity...
The Progenitrix, the Mother of these regions, discovered by her eagle
eye and tamed by her laboring flanks. The chief commander of our
entire youth, the Progenitrix of our line, one which never took hold
and lived. Progenitrix—Matriarch—Pra.

M. Tsvetaeva, A Living Word about a Living Man (1933)

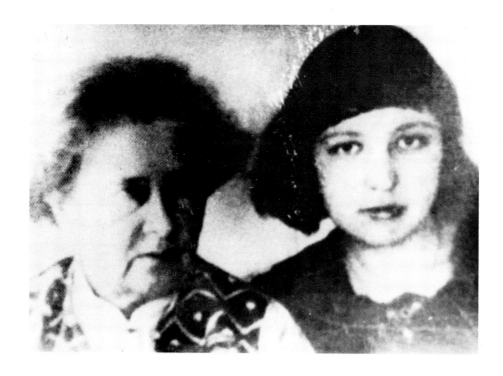

В доме Волошина. Слева—Цветаева. Коктебель, 1913
In Voloshin's house. On the left is Tsvetaeva. Koktebel, 1913

На пляже. Конец 20-х годов
At the beach. The end of the twenties

Марина с Алей. 1924
Marina and Alya. 1924

С дочерью Ариадной (Алей). Под Прагой. 1924
With her daughter Ariadna (Alya). Near Prague. 1924

56

С сыном Георгием Муром). Савойя, 1930
With her son Georgy (Mur). Savoy, 1930

Марина и Б. Унбегаун
1930-е
Marina and B. Unbegaun 1930s

Сидят: М. Цветаева, Екатерина Андреевна Еленева, Константин Болеславович Родзевич. Стоят: С. Эфрон, Николай Артемьевич Еленев. Чехия, 1923
Sitting: M. Tsvetaeva, Ekaterina Eleneva, Konstantin Rodzevich. Standing: Sergei Efron, Nikolai Elenev. Czechoslovakia, 1923

С сыном. Лето, 1935
With her son. Summer, 1935

В Париже Марина была близка с Бальмонтом. Как-то она мне сказала: „Знаете, что Бальмонт однажды сказал мне о моем сыне? — Мур — твой прокурор". Не он ли присудил ее к повешению?

Из воспоминаний Н. Г. Я. (6.3.1966)

In Paris Marina was close to Balmont. It happened that she told me: "Do you know what Balmont once said to me about my son? 'Mur—is your prosecutor'." Perhaps he was the one who sentenced her to hang?

From the memoirs of N. G. Ia. (March 6, 1966)

М. Цветаева, Мур и неизвестная девушка.
Париж, конец 1930-х
Tsvetaeva with Mur and unknown girl.
Paris, end of the 1930s

59

М. Цветаева, ее сын — Мур, В. Перцов, К. Зелинский
и их жены. Голицыно, 1940
Tsvetaeva with her son Mur, V. Pertsov and K. Zelinsky,
with their wives. Golitsyno, 1940

На экземпляре А. Крученыха Марина Ивановна написала своим узким, напоминающим славянскую вязь почерком: „Дорогому Алексею Елисеевичу Крученых с благодарностью за первую красоту здесь. Кусково, озеро и остров, фарфор. В день двухлетия моего въезда. 18 июня 1941 года. М. Ц.''

Л. Либединская, „Зеленая лампа''

On Kruchenykh's copy Marina Ivanovna wrote in her narrow handwriting, reminiscent of Slavic ligature: "To dear Alexei Eliseevich Kruchenykh, with gratitude for the first beauty here. Kuskovo, the lake and the island, the porcelain. On the second anniversary of my return. June 18, 1941. M. Ts."

L. Libedinskaya, "The Green Lamp"

Kruchenykh . . . remarked that then, in 1941, Tsvetaeva had wished "just to survive the summer" ("lish' by leto perezhit' ")—not "live through" ("prozhit' ") but "survive" ("perezhit' ").

Gordon McVay, "Kruchenykh: The Bogeyman of Russian Literature,"
Russian Literature Triquarterly, 1976.

Сидят: А. Крученых, Георгий Эфрон (Мур). Стоят: М. Цветаева, Л. Либединская-Толстая. Июль, 1941
Seated: A. Kruchenykh, Georgy Efron (Mur). Standing: M. Tsvetaeva, L. Libedinskaya-Tolstaya. July, 1941

III. РОДНЫЕ И БЛИЗКИЕ / FRIENDS AND RELATIONS

Дед М. Цветаевой Александр Данилович Мейн и ее мать Мария Александровна Мейн. 1900-е
Tsvetaeva's grandfather, Alexander Danilovich Meyn, and her mother, Maria Alexandrovna Meyn. 1900s

Говоря о матери, не могу не упомянуть ее отца, моего деда, Александра Даниловича Мейна, еще до... всякой зримости и осязаемости в отцовскую мечту — поверившего, его в ней, уже совсем больным, неустанно поддерживавшего и оставившего на музей часть своего состояния. Так что спокойно могу сказать, что по-настоящему заложен был музей в доме моего деда, в Неопалимовском переулке, на Москве-реке.

М. Ц. „Музей Александра III''

Speaking of my mother, I must mention her father, my grandfather, Alexander Danilovich Meyn, who before... it had any visibility and tangibility, believed in father's dream, who, already a very sick man, tirelessly supported him in that dream, and who left a part of his fortune to the museum. So I can calmly state that the museum was actually founded in the house of my grandfather on Neopalimovsky Lane, in the Moscow River District.

M. Ts. "The Alexander III Museum"

Историк Д. И. Иловайский
(отец первой жены И. В. Цветаева)
The historian D. I. Ilovaisky (father
of I. V. Tsvetaev's first wife)

Отец М. Цветаевой — Иван Владимирович
Цветаев. 1900-е
Tsvetaeva's father, Ivan Vladimirovich Tsvetaev.
1900s

Отец — сын священника Владимирской губернии,
европейский филолог (его исследование „Осские
надписи" и ряд других), Доктор *honoris causa* Болон-
ского университета, профессор Истории искусств
сначала в Киевском, затем в Московском университе-
тах, Директор Румянцевского музея, основатель,
вдохновитель и единоличный собиратель первого в
России музея изящных искусств (Москва, Волхонка).

М. Ц. Ответ на анкету, „Числа", 1931

My father was the son of a priest from Vladimir Province, a
European philologist ("Inscriptions of the Os" and other
studies), a Doctor *honoris causa* of the University of
Bologna, Professor of Art History, first at the University
of Kiev, then at the University of Moscow, Director of the
Rumyantsev Museum; founder, inspirer, and personal col-
lector of the first museum of fine arts in Russia (Moscow,
Volkhonka).

M. Ts. Reply to a Questionnaire, *Numbers,* 1931

И. В. Цветаев. 1903
I. V. Tsvetaev. 1903

Отец и мать Цветаевой.
Урал, 1902
Tsvetaeva's mother and father.
The Urals, 1902

Слитное влияние отца и матери —
спартанство. Два лейтмотива в одном доме, музыка и музей. Воздух
дома не буржуазный, не интелли-
гентский — рыцарский. Жизнь на
высокий лад.

М. Ц. Ответ на анкету, 1931

Combined influence of father and
mother — Spartanism. Two leitmotifs
in one home: music and the museum.
The atmosphere of the house was not
of the middle class, not of the intelli-
gentsia—it was chivalrous. Life on a
lofty level.

M. Ts. Reply... 1931

Мать — польской княжеской крови, ученица Рубинштейна, редкостно одаренная в музыке. Умерла рано. Стихи от нее... Главенствующее влияние — матери (музыка, природа, стихи, Германия).

М. Ц. Ответ на анкету, 1931

My mother was of Polish princely blood, a pupil of Rubinstein, unusually gifted in music. She died early. My poetry comes from her... The primary influence was mother's (music, nature, poetry, Germany).

M. Ts. Reply to a Questionnaire, 1931

М. А. Цветаева. 1903
M. A. Tsvetaeva. 1903

И. В. Цветаев в парадном мундире в день открытия музея АлександраIII, 1912.
Tsvetaeva's father in formal dress for the opening of the Alexander III Museum, 1912

И. В. Цветаев с братом Дмитрием, 1910-е
I. V. Tsvetaev with his brother Dmitry, 1910s

И. В. Цветаев с сыном Андреем, 1909 (?)
Tsvetaeva's father with her brother Andrei, 1909

И. В. Цветаев и Ю. С. Нечаев-Мальцев, 1912
Tsvetaeva's father with Yu. S. Nechaev-Maltsev, 1912

Нечаев-Мальцев был крупнейший хрусталезаводчик в городе Гусеве, потому и ставшим Хрустальным. Не знаю почему, по непосредственной ли любви к искусству, или просто "для души" и даже для ее спасения (сознание неправды денег в русской душе невытравимо), — во всяком случае под неустанным и страстным воздействием моего отца . . . Нечаев-Мальцев стал главным, широко говоря — единственным жертвователем музея, таким же его физически создателем, как отец — духовным.

Nechaev-Maltsev was the owner of the largest crystal factory in Gusev, for which reason the town was called "Crystal." I don't know why, whether it was direct love of art or simply "for his soul" and even for its salvation (the consciousness of the *injustice* of money is ineradicable in the Russian soul), but in any case under the passionate and unflagging influence of my father Nechaev-Maltsev became the Museum's main backer, speaking broadly, the Museum's only backer — just as much its creator in a physical sense as my father was in a spiritual sense.

Отцам

Поколенью с сиренью
И с пасхой в Кремле,
Мой привет поколенью —
По колено в земле,

А сединами — в звездах!
Вам, слышней камыша,
— Чуть зазыблется воздух —
Говорящим: душа!

Только душу и спасшим
Из фамильных богатств,
Современникам старшим —
Вам, без равенств и братств,

Руку веры и дружбы,
Как кавказец — кувшин
С виноградным! — врагу-же —
Две — протягивавшим!

Не сиреной, — сиренью
Заключенное в грот,
Поколенье — с пареньем!
С тяготением — *от*

Земли, *над* землей, прочь *от*
И червя и зерна!
Поколенье — без почвы,
Но с такою до дна

Днища узренной бездной,
Что из впалых орбит
Ликом девы любезной —
Как живая глядит,

Поколенье где краше
Был — кто жарче страдал!
Поколенье! Я — ваша!
Продолженье зеркал.

Ваша — сутью и статью,
И почтеньем к уму,
И презреньем к платью
Плоти — временному!

Вы — ребенку, поэтом
Обреченному быть,
Кроме звонкой монеты
Все — внушившие — чтить:

Кроме бога Ваала,
Всех богов — всех времен и племен
Поколенью с провалом —
Мой бессмертный поклон!

Вам, в одном небывалом
Умудрившимся — *быть,*
Вам средь шумного бала
Так умевшим — любить!

До последнего часа
Обращенным к звезде —
Уходящая раса,
Спасибо тебе!

1936

To My Fathers

To the generation with its lilacs
And its Easter in the Kremlin,
My greetings to that generation—
Knee-deep in earth,

Gray hair in stars!
To you who, more audibly than the reed
—The air is scarcely shivered —
Say the word: soul!

To your elder contemporaries
Who saved only their souls
From among the family riches—
To you, without equalities and fraternities,

Who extended the hand of faith and friendship,
The way a Caucasian holds out a dish
Of grapes! — who extended
Two hands—and to the enemy!

Not by a siren, by lilacs
Imprisoned within a cave,
A generation—with levitation!
With a gravitation—*away*

From the earth, *above* the earth, off and *away*
From the worm and the grain!
A generation—without a territory,
But with an abyss

To such a depth of depths
That from the sunken circles,
As in the face of a beloved girl,
It looks back like a living being,

A generation where the one who suffered
More—was more beautiful!
Generation! I—am yours!
The prolongation of mirrors.

Yours—in my inner essence and outer bearing,
And in my respect for wit,
And in my contempt for the garb
Of flesh—a temporary garb!

You who spurred the child
Condemned to be a poet
On to honor *everything*
Except the ringing coin,

Except the god Baal, to honor
All gods—of all times and tribes...
To the generation with its chasm—
My immortal bow!

To you who contrived
To *exist* in pure imagination,
To you who knew so well
How to love amid a noisy ball!

You who faced a star
Until your final hour—
Disappearing race,
I give thanks to you!

1936

И. В. Цветаев и Марина. 1906-1907
I. V. Tsvetaev and Marina. 1906-1907

И. В. Цветаев с Асей. 1910
I. V. Tsvetaev and Asya. 1910

Анастасия Цветаева, 1905
Anastasia Tsvetaeva, 1905

Марина и Ася с А. И. Доброхотовой. 1903
Marina and Asya with A. I. Dobrokhotova. 1903

←Марина и Ася с мужьями и детьми. Александров, 1916
Marina and Asya with their husbands and children, Alexandrov, 1916

Марина и Ася, 1913
Marina and Asya, 1913

Марина и Ася с мужьями и детьми. Александров, 1916
Marina and Asya with their husbands and children, Alexandrov, 1916

Петр Николаевич был одним из многочислен-
ных внуков умершего Ивана Константино-
вича Айвазовского, художника-мариниста, в
Феодосии — царившего.

А. Цветаева, „Воспоминания"

Peter Nikolaevich was one of the numerous grand-
sons of the late Ivan Konstantinovich Aivazovsky,
the seascape painter who reigned in Theodosia.

A. Tsvetaeva, "Memoirs"

А. И. Цветаева и П. Н. Лампси, Феодосия, 1913
A. I. Tsvetaeva and Peter Lampsi, Theodosia, 1913

Трехпрудный переулок, где стоял наш дом, был целый мир, вроде именья, и целый психический мир — не меньше, а м.б. и больше дома Ростовых, ибо дом Ростовых плюс еще сто лет. Еще в 1919 году — совсем девочкой — я писала:

Засыхали в небе изумрудном
Капли звезд — и пели петухи...
Это было в доме старом, в доме —
                                чудном . . .
Чудный дом, наш дивный дом в
                        Трехпрудном —
Превратившийся теперь в стихи!

Three Ponds Lane, where our house stood, was a whole world, the way an estate is a world, and a whole psychological world—not less so, and maybe even moreso than the *Rostov House*, for it was a Rostov House plus another 100 years.

In 1909—when I was just a little girl—I wrote:

In the emerald sky the drops
Of stars dried up—and the cocks crowed...
It was an old house, a wonder-house...
The wonderful house, our miraculous house
                       on Three Ponds —
Which has now turned into poetry!

Дом в Трехпрудном переулке. Слева направо:
А. Цветаева, С. Эфрон, М. Цветаева. Ноябрь 1911
The Tsvetaev House in Three Ponds Lane. Left to right:
A. Tsvetaeva, S. Efron, Marina Tsvetaeva. Nov., 1911

Ася. 1914?
Asya . 1914?

Анастасия с сыном Андреем. 1926
Anastasia and her son Andrei. 1926

Анастасия (справа) в Музее изобразительных искусств
у портрета И. В. Цветаева. Москва, 1962?
Anastasia (on the right) in the Museum of Fine Arts, by the
portrait of I. V. Tsvetaev. Moscow, 1962?

Анастасия Цветаева. Москва, 1970
Anastasia Tsvetaeva. Moscow, 1970

Сергей и Марина.
декабрь 1911
Sergei and Marina.
December 1911

Марина и Сергей с дочерью.
Феодосия, весна 1916
Marina and Sergei with their daughter.
Theodosia, spring 1916

Я назвала ее Ариадной, вопреки Сереже, который любит русские имена. . . Семи лет от роду я написала
драму, где героиню звали Антримеей, — от Антримеи
до Ариадны. — Назвала от романтизма и высокомерия,
которые руководят всей моей жизнью.

— Ариадна. — Ведь это ответственно! —
— Именно поэтому.

I named her Ariadna despite Serezha, who loves Russian
names . . . At the age of seven I wrote a play in which the
heroine was named Antrimeia—from Antrimeia to Ariadna.
— I named her out of romanticism and haughtiness, which
rule my entire life.

"Ariadna! That is something to live up to!"
"Precisely for that reason."

Марина Цветаева и Сергей Эфрон, 1914   Marina Tsvetaeva and Sergei Efron, 1914

С. Э.   S. E.

Я с вызовом ношу его кольцо!   I wear his ring flauntingly!
— Да, в вечности — жена, не на бумаге —   "Yes, I'm his wife in eternity, not on paper,"
Чрезмерно узкое его лицо   — His face is exceedingly narrow,
Подобно шпаге.   As narrow as a sword.

Безмолвен рот его, углами вниз,   His mouth is silent, corners down,
Мучительно великолепны брови —   His brows are stabbingly splendid —
В его лице трагически слились   Two ancient types of blood
Две древних крови.   Tragically interfused in his face.

Он тонок первой тонкостью ветвей,   He is slender like the first slender shoots,
Его глаза — прекрасно бесполезны!   His eyes are exquisitely without purport!
Под крыльями раскинутых бровей   Under the unfolded wings of his brows
Две бездны.   Lie two abysses.

В его лице я рыцарству верна   In him I am faithful to chivalry,
— Всем вам, кто жил и умирал без страху!   To all of you who lived and died without fear!
Такие — в роковые времена —   In fateful times men like you
Слагают стансы — и идут на плаху!   Compose stanzas—and go to the block!

Коктебель, 3 июня 1914   *Koktebel, June 3, 1914*

Слева направо: Ариадна Эфрон, Сергей Эфрон, и Ариадна
Чернова. Чехия, 1925
Left to right: Ariadna Efron, Sergei Efron and Ariadna Chernova.
Czechoslovakia, 1925

Е. О. Волошина (слева), М. Волошин (в центре), Николай
Евреинов (в черном), С. Эфрон (справа). Коктебель, 1918
E. O. Voloshina (left), M. Voloshin (center), Nikolai Evreinov
(in black), Sergei Efron (far right). Koktebel, 1918

Как я хочу в Прагу! — Сбудется?? Если даже нет, скажите: *да!* в жизни не хотела назад ни в один город, *совсем не хочу в Москву* (всюду в России, *кроме!*), а в Прагу хочу, очевидно пронизанная и завороженная!

12 декабря 1927, письмо к А. А. Тесковой

How I want to go to Prague! Will it be? Even if not, say: *Yes!* In my life I have never wanted to return to any city, *I don't want to go to Moscow in the least* (everywhere in Russia *but!*), but I want to go to Prague—obviously I have been pierced and enchanted!

December 12, 1917, letter to A. A. Tesková

Ариадна Эфрон с родителями, Чехия, 1925
Ariadna with her parents, Czechoslovakia, 1925

Аля (Ариадна) , 1925
Alya (Ariadna), 1925

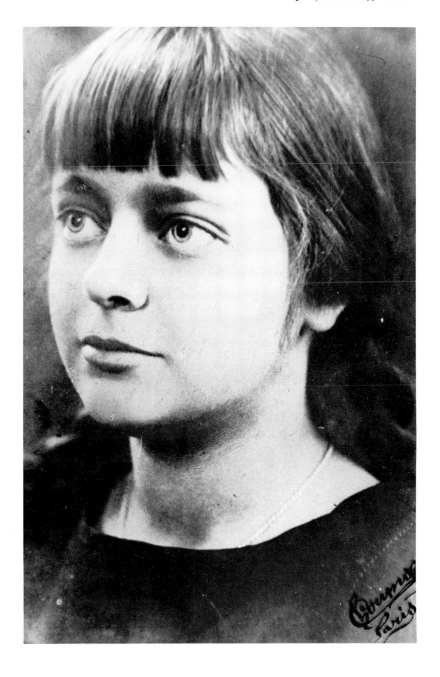

Любить — видеть человека таким, каким его задумал Бог и не осуществили родители.

Не любить — видеть человека таким, каким его осуществили родители.

Разлюбить — видеть вместо него: стол, стул.

М. Цветаева, „О любви", Москва, 1918-19

To love — is to see a man in the form God planned and his parents failed to bring into existence.

Not to love — is to see a man in the form his parents did bring into existence.

To fall out of love — is to see, instead of him, a table, a chair.

M. Tsvetaeva, "On Love," Moscow, 1918-19

Марина и Сергей. Начало 1930-х
Marina and Sergei. Early 30s

Сергей Эфрон в юности.
Sergei Efron in his youth.

Эфрон, с. 1923
Efron c. 1923

Эфрон, с. 1917
Efron c.1917

Эфрон. Париж 1937
Efron. Paris 1937

Эфрон — в центре
Center — Efron

Каким образом он, сын родителей-народовольцев, оказывается в рядах белой армии, а не красной? Мой муж это в своей жизни считал — роковой ошибкой. Я же прибавлю, что так ошибался не только он, совсем тогда молодой человек, но многие и многие совершенно сложившиеся люди. В Добровольчестве он видел спасение России и правду, когда он в этом разуверился — он из него ушел, весь, целиком — и никогда уже не оглянулся в ту сторону.

М. Цветаева, „Автобиография", 1939-40

В течение последних дней в Париже распространились слухи, что вслед за таинственным отъездом Н. Н. и Н. А. Клепининых покинул Париж также и бывший евразиец С. Я. Эфрон, перешедший несколько лет тому назад на советскую платформу и вступивший в „Союз возвращения на родину". Говорилось, будто Эфрон покинул Францию не один, а с женой, известной писательницей и поэтессой М. И. Цветаевой.

Чтобы проверить все эти слухи, наш собственный корреспондент съездил вчера в Ванв, где последнее время проживали М. И. Цветаева и С. Я. Эфрон. М. И. Цветаева по-прежнему пребывает в Ванв и никуда не уезжала.

— Дней двенадцать тому назад, — сообщила нам М. И. Цветаева, — муж мой, экстренно собравшись, покинул нашу квартиру в Ванв, сказав мне, что уезжает в Испанию. С тех пор никаких известий о нем я не имею. Его советские симпатии известны мне, конечно, так же хорошо, как и всем, кто с мужем встречался. Его близкое участие во всем, что касалось испанских дел (как известно „Союз возвращения на родину" отправил в Испанию немалое количество русских добровольцев), мне также было известно. Занимался ли он еще какой-нибудь политической деятельностью, и какой именно — не знаю.

22 октября, около семи часов утра, ко мне явились четыре инспектора полиции и произвели продолжительный обыск, захватив в комнате мужа его бумаги и личную переписку.

Затем я была приглашена в сюртэ насиональ, где в течение многих часов меня допрашивали. Ничего нового о муже я сообщить не могла.

Н.П.В., „Последние Новости", № 6056, 24 октября 1937

С. Эфрон, Париж, 1937
Sergei Efron, Paris, 1937

Эфрон в Крыму, 1939
Efron in the Crimea, 1939

How did he, the son of People's Will radicals, end up in the ranks of the White Army and not the Red? My husband considered that the fatal mistake of his life. And I will add that not only he, a very young man at the time, made that mistake, but many, many people whose character was fully formed. He saw the White Army as the salvation of Russia and the truth; when he lost his faith in it, he left it, with his whole being, totally—and he never looked back after that.

Tsvetaeva, "Autobiography," 1939-40

In recent days rumors have spread in Paris that following the mysterious departure of N. N. and N. A. Klepinin, the former Eurasian Sergei Efron has likewise quit Paris. A few years ago he went over to the Soviet platform and joined the Union for Returning to the Fatherland. It was alleged that Efron had not left France alone, but with his wife, the well-known writer and poetess, Marina Tsvetaeva.

To check all these rumors, our own correspondent went out yesterday to Vanves, where Tsvetaeva and Efron had been living in recent weeks.

Tsvetaeva remains as before in Vanves and has gone nowhere.

"About twelve days ago," Tsvetaeva told us, "my husband made hasty preparations and left our apartment in Vanves, telling me he was going to Spain. Since then I have had no news of him. Of course, I am aware of his Soviet sympathies, just as fully as are all those who have met my husband. I was also aware of his intimate participation in everything that concerned Spanish matters (as everyone knows, the Union for Returning to the Fatherland has sent a significant number of Russian volunteers to Spain).

Whether he was engaged in any other kind of political activity, or exactly what kind, I do not know.

On October 22, at around seven in the morning, four police inspectors came to me and carried out an extensive search in which they seized the papers and personal correspondence in my husband's room.

Then I was summoned to the *Sûreté Nationale* where they questioned me for many hours. I was not able to tell them anything new about my husband."

N.P.V. *The Latest News*, No. 6056, October 24, 1937

А лучший том . . . будет наша переписка — ПИСЬМА ТОГО ЛЕТА
. . . Самые невинные, может быть самые огненные из всех *Lettres
d'amour.*

     Письмо Тесковой о Н. Гронском, 23 февраля 1934

But the best book . . . would be our correspondence — the LETTERS
FROM THAT SUMMER [1928] . . . The most innocent, perhaps the
fieriest of all *Lettres d'amour.*

     A Letter to A. Tesková about Nikolai Gronsky, February 23, 1934

Николай Гронский. Около 1930
Nikolai Gronsky. Around 1930

В центре — Ариадна Эфрон, 1920-е
Center — Ariadna Efron, 1920s

Марина с дочерью Алей, 1915
Marina with daughter Alya, 1915

Ариадна Эфрон и ее мать М. Цветаева,
Чехия, 1925
Ariadna Efron and her mother, Marina
Tsvetaeva, Czechoslovakia, 1925

Вспоминая те уже далекие дни в Москве, и не зная где сейчас
Марина Цветаева, и жива ли она, я не могу не сказать, что две эти
поэтические души мать и дочь, более похожие на двух сестер,
являли из себя самое трогательное видение полной отрешенности
от действительности и вольной жизни среди грез, — при таких
условиях, при которых другие только стонут, болеют и умирают.
Душевные силы любви к любви и любви к красоте как бы осво-
бождали две эти человеческие птицы от боли и тоски. Голод,
холод, полная брошенность — и вечное щебетанье, и всегда бодрая
походка и улыбчивое лицо — это были две подвижницы и, глядя
на них, я не раз вновь ощущал в себе силу, которая вот уже
погасла совсем.

К. Бальмонт, ,,Марина Цветаева'',
Современные Записки, № 7, 1921

Recalling those already distant days in Moscow, and not knowing where
Marina Tsvetaeva is now, and whether she is alive or not, I feel compel-
led to say that those two poetic souls, the mother and the daughter,
who were more like two sisters, projected the most touching vision of
complete detachment from reality and of a life at liberty among re-
veries—and this in circumstances amid which others languish, fall sick,
and die. The emotional strength of love for love, and of love for beauty,
seemed to free these human birds from pain and sorrow. Hunger, cold,
being completely abandoned—and still an eternal chirping, and always
stalwart steps and smiling faces; they were two moral heroes, and
when strength had just died out utterly in me, looking at them I repeatedly felt strength in myself again.

Konstantin Balmont, "Marina Tsvetaeva," *Contemporary
Annals*, No. 7, 1921

Ариадна Эфрон (?), 1950-е
Ariadna Efron (?), 1950s

Ариадна Эфрон, 1965 (?)
Ariadna Efron, 1965 (?)

Ариадна Эфрон. Начало 1970-х
Ariadna Efron. Early 1970s

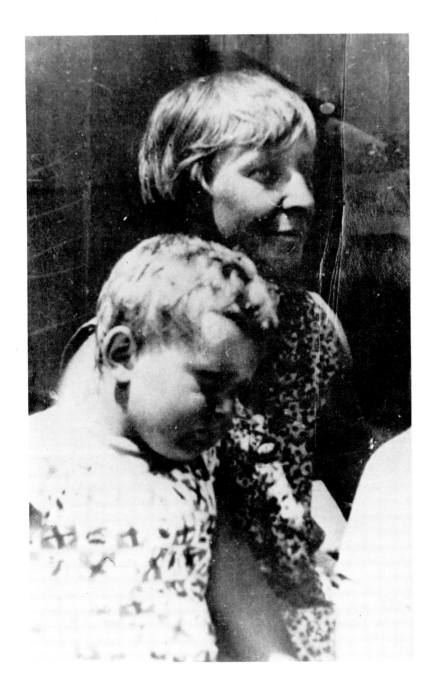

Цветаева с сыном Георгием (Муром).
Около 1927
Marina with son Georgy (Mur).
Around 1927

Цветаева с сыном на колониальной выставке.
Париж, июль 1931
Tsvetaeva with her son at the Colonial Exhibition.
Paris, July 1931

Цветаева с сыном. Кламар, 1933
Tsvetaeva with her son. Clamart, 1933

Ни к городу и ни к селу —
Езжай, мой сын, в свою страну, —
В край — всем краям наоборот! —
Куда *назад* идти — *вперед*
Идти, особенно — тебе,
Руси не видывавшее

Дитя мое... Мое? *Ее* —
Дитя! То самое былье,
Которым порастает быль.
Землицу, стершуюся в пыль —
Ужель ребенку в колыбель
Нести в трясущихся горстях:
— "Русь — это прах, чти — этот прах!"

Январь 1932

Go, my son, not to the city and not
To the village—to your mother country, —
To the land which is opposite all lands! —
Where going *back* means
Going *forward*, especially for you,
Who have not seen Rus,

You, my child... Mine? *Her*
child! That legendary life
In which 'real' life is buried.
Bits of earth, ground down to dust —
Do you carry that earth in your trembling palms
To a child in his cradle:
"Rus—is ashes, honor—these ashes!"

January 1932

Мур (Георгий) Эфрон. Кламар, 1933

А вот Вам мой чудный Мур — хорош? Во всяком случае — похож. И более похож на Наполеоновского сына, чем сам Наполеоновский сын. Я это знала с его трех месяцев : нужно уметь читать черты. А в ответ на его 6-месячную карточку — Борис Пастернак — мне: "Все гляжу и гляжу на твоего *наполеонида*". С 11 лет я люблю Наполеона, в нем (и его сыне) все мое детство и отрочество и юность — и так шло и жило во мне не ослабевая, и с этим — умру. Не могу равнодушно видеть его имени. И вот — *его лицо* в Мурином. Странно? Или не странно, как всякое органическое чудо.

Письмо к А. Тесковой, 2 февраля 1934

Mur (Georgy) Efron. Clamart, 1933

And here is my wonderful Mur—handsome? At any rate, there is a likeness. And he looks more like Napoleon's son than, Napoleon's son himself. I knew it from the time he was three months old. You have to be able to read facial features. And in response to his six-month picture, Boris Pasternak wrote me: "I keep looking at your *little Napoleon.*" I have loved Napoleon since I was eleven. My whole childhood, girlhood, and youth is in him (and his son)—and this lived and moved in me without fading, and I will die feeling this way. Whenever I see his name, I cannot react indifferently. And now—*his face* is in Mur's. Strange? Or not at all strange, like every organic miracle.

A Letter to A. Tesková, February 2, 1934

Мур. Кламар, 1933
Mur. Clamart, 1933

Георгий Эфрон. Середина 1930-х
Georgy Efron. Mid-1930s

Мур среди учеников школы. Франция,
середина 1930-х
Mur with fellow students. France, mid-1930s

Мур живет разорванным между моим гуманизмом и почти что фанатизмом — отца . . . Очень серьезен. Ум — острый, но трезвый: *римский.* Любит и волшебное, но — как гость.

По типу — деятель, а не созерцатель, хотя для деятеля — уже и сейчас умен. Читает и рисует — неподвижно — часами, с тем самым умным чешским лбом. На лоб — вся надежда.

Менее всего развит — душевно: не знает *тоски,* совсем не понимает.

Лоб — сердце — и потом уже — душа: "нормальная" душа десятилетнего ребенка, т.е. — зачаток. (К сердцу — отношу любовь к родителям, жалость к животным, все элементарное. — К душе — все беспричинное болевое).

Художественен. Отмечает красивое — в природе и везде. Но — не пронзен (Пронзен = душа. Ибо душа= боль + все другое).

Меня любит как свою вещь. И уже — понемножку — начинает ценить.

Письмо к А.Тесковой. Ванв, 28 декабря 1935

Mur lives torn between my humanism and the virtual fanaticism of his father... He is very serious. His mind is acute, but sober: *Roman.* He loves the magical too, but as a guest.

As a type, he is a doer rather than a thinker, though for a doer he is already intelligent now. He reads and draws—without moving—for hours, with the same clever Czech forehead. All hope rests on that forehead.

He is least advanced emotionally: he doesn't know what *longing* is, doesn't understand it in the least.

The forehead—the heart—and only then—the soul: the "normal" soul of a ten-year-old child, i.e., its embryo. (To the heart I relate love for parents, pity for animals, all that is elementary. —To the soul I relate all that is painful without seeming cause.)

He is artistic. He notices what is beautiful in nature and everywhere. But he is not pierced to the quick (pierced to the quick = the soul. For the soul = pain + everything else).

He loves me like his very own possession. And already—little by little—he is beginning to value me.

A letter to A. Tesková. Vanves, December 28, 1935

Георгий Эфрон. Середина 1930-х годов

Пока я *жива* — ему (Муру) должно быть *хорошо*, а хорошо — прежде всего — жив и здоров. Вот мое, по мне, самое разумное решение, и даже не решение — мой простой инстинкт: его — сохранения.

Письмо к А. Тесковой. Кламар, 26 мая 1934

Georgy Efron. Mid-1930s

As long as I am *alive*, he (Mur) ought to have a sense of *well-being*, and well-being, first and foremost, means alive and healthy. That, in my opinion, is the most sensible decision, and not even a decision— but my simple instinct: his preservation.

A letter to A. Tesková. Clamart, May 26, 1934

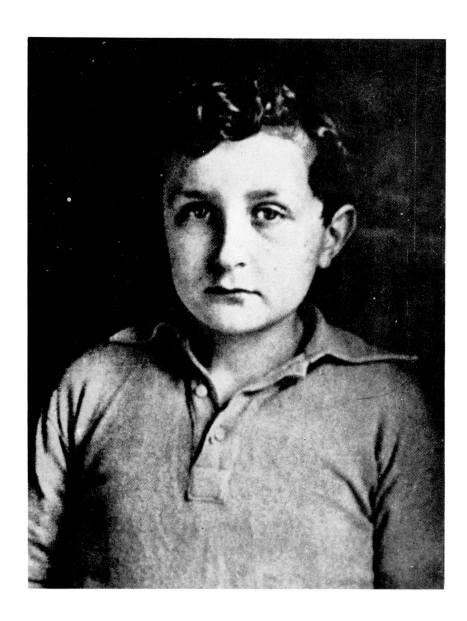

Цветаева с Муром на берегу Средиземного моря. Лето, 1935
Tsvetaeva with son Mur on the shore of the Mediterranean. La Tavière par Bormes (Var). Summer 1935

Зимой 1939-40 года, живя в Голицыно, я ежедневно встречался с Мариной Цветаевой, которая, как и я, одно время жила, а затем столовалась в Доме творчества. Марина Ивановна любила поговорить, говорила интересно, подчас весьма язвительно. Помню ее импровизированные совершенно блестящие беспощадные наброски портретов Андрея Белого и Ремизова. У нее была злая хватка мастера, голос — громкий, резкий. Но за уверенностью тона и суждений чувствовалась растерянность и страшное одиночество. Муж и дочь были арестованы, с сыном у нее, по моим наблюдениям, не было общего языка. Писатели избегали общения с ней, как с бывшей эмигранткой. В глазах у этой седой женщины с незаурядным лицом иногда вдруг появлялось такое выражение отчаяния и муки, которое сильнее всяких слов говорило о ее состоянии.

Н. Г. Лурье, "Из воспоминаний"

In the winter of 1939-40, while I was living in Golitsyno, I met Marina Tsvetaeva every day; she, as I, had lived for a time and then took her meals at the House of Art. Marina Ivanovna liked to exchange a few words with me; she spoke interestingly, at times quite bitingly. I remember she improvised utterly brilliant, merciless portrait sketches of Andrei Bely and Remizov. She had the mean bite of a master, a voice that was loud and sharp. But behind the confidence in her tone and observations one could feel a bewilderment and a frightening loneliness. Her husband and daughter had been arrested, she and her son, in my observation, had no common language. Writers avoided socializing with her, as a former émigrée. In the eyes of this gray-haired woman with the uncommon face there would sometimes suddenly appear an expression of despair and torment which spoke of her situation more forcefully than any words.

From the memoirs of N. G. Lurie

Цветаева с Муром. Голицыно, 1940
Tsvetaeva with Mur. Golitsyno, 1940

Милая Аля. Давно тебе не писал по причине незнания твоего адреса: лишь вчера получил открытку от Лили, в которой последняя сообщает твой адрес . . . . Завтра пойду в бой . . . Абсолютно уверен в том, что моя звезда меня вынесет невредимым из этой войны, и успех придет обязательно.

Из письма Г. Эфрона к сестре А. Эфрон. 17 июня 1944

Dear Alya. I haven't written you for a long time because of not knowing your address: only yesterday I got a postcard from Lilia in which she informed me of your address . . . . Tomorrow I go into battle . . . I am absolutely confident that my star will bring me out of this war unharmed, and that success will certainly come to me.

Part of a letter from Georgy Efron to his sister, Alya, June 17, 1944

Г. С. Эфрон, 1940 (?)
G. S. Efron, 1940 (?)

Дорогие Лиля и Зина. 28-го получил Вашу открытку и обрадовался ей чрезвычайно . . . Письма на фронте очень помогают и радуешься им несказанно, как празднику . . . Вхожу в боевые будни, кстати, мертвых я видел в первый раз в жизни: до сих пор я отказывался смотреть на покойников, включая и М. И. А теперь столкнулся со смертью вплотную. Она страшна, безобразна; опасность — повсюду, но каждый надеется, что его не убьет . . . Предстоят тяжелые бои, т.к. немцы очень зловредны, хитры и упорны. Но я полагаю, что смерть меня минует, а что ранят, так это очень возможно.

Из письма Г. Эфрона родственникам. 30 июня 1944
Эфрон погиб в начале июля.

Dear Lilia and Zina. On the 28th I got your postcard and it made me extremely happy . . . . At the front letters help a lot and you feel unspeakably happy when you get them, as if it were a holiday . . . I am getting into battle routine: in fact I have seen dead people for the first time in my life; until now I would refuse to look at people who had died, including even M. I. [Marina Ivanovna, his mother. Ed.]. But now I have come face to face with death. It is frightening, ugly: danger—is all around, but each man hopes he won't be killed . . . Heavy fighting looms ahead, because the Germans are very lethal, clever, and determined. But I am betting that death will pass me by, though it is very possible that I will be wounded.

Part of a letter to relatives from Georgy Efron. June 30, 1944. Shortly thereafter Efron was killed.

Г. С. Эфрон (Мур), 1940 (?)
G. S. Efron (Mur)., 1940 (?)

С. Голлидэй, героиня „Повести о Сонечке"
S. Holliday, heroine of "The
Tale of Sonechka"

С. Голлидэй
S. Holliday

В. Б. Сосинский, друг Цветаевой.
V. B. Sosinsky, a friend of Tsvetaeva

К. Роздевич. 1923 (фрагмент)
K. Rozdevich. 1923 (fragment)

К. Роздевич с невестой М. С. Булгаковой. 1925
K. Rozdevich with his fiancée Maria Sergeevna
Bulgakova. 1925

Хозяева дома, где жила
М. Цветаева с Муром, А. И. и М. И.
Бродельщиковы. Елабуга, 1960-е
Owners of the house in which Tsvetaeva
and Mur stayed in Elabuga. A. I. and
M. I. Brodelshchikov in the 1960s

IV. ПАМЯТНЫЕ МЕСТА, СВЯЗАННЫЕ С ЦВЕТАЕВОЙ
PLACES CONNECTED WITH THE MEMORY OF TSVETAEVA

Мемориальная доска на Музее изобразительных искусств им. А. С. Пушкина
Memorial plaque on the Pushkin Museum of Visual Arts

Таруса. Дача ,,Песочная'', где прошли
детские годы Цветаевой. Фото 1960-х годов.
Tarusa. The dacha "Sandy," where Tsvetaeva's
childhood years passed. Photo from the 1960s.

Дом Волошина в Коктебеле. 1913
Voloshin's house in Koktebel. 1913

Гор. Александров под Москвой. Здесь жила
М. Цветаева летом 1916 года. Здесь гостил
О. Э. Мандельштам.
The town of Alexandrov near Moscow. Tsvetaeva
lived here in the summer of 1916. Osip
Mandelstam was a guest here.

Дом, в котором жила Цветаева во Вшенорах близ Праги.
The house in which Tsvetaeva lived in Všenory, near Prague.

Дом в Борисоглебском пер. в Москве. Здесь жила М. Цветаева с 1916 по 1922 год.
The house in Boris-and-Gleb Lane in Moscow. Tsvetaeva lived here from 1916 to 1922.

Прага, Карлов мост. Статуя легендарного чешского рыцаря Брунсвика. Неоднократно упоминается в письмах и стихах Цветаевой.
Prague, the Charles Bridge. Statue of the legendary Czech knight Bruncvík. Repeatedly alluded to in Tsvetaeva's letters and poems.

Москва, дом на Покровском бульваре, где жила Цветаева до отъезда в Елабугу.
Moscow, the building on Pokrovsky Blvd. where Tsvetaeva lived before going to Elabuga.

Елабуга. Дом, где жила и умерла Цветаева.
Elabuga. The house where Tsvetaeva lived and died.

Тот же дом со двора. The same house from courtyard.

Интерьер комнаты
Цветаевой в Елабуге.
Interior of Tsvetaeva's
room in Elabuga.

Страница так называемой до-
мовой книги, где зареги-
стрирована Цветаева
с сыном. Елабуга.

Page from the so-called house
book in which Tsvetaeva and
her son were registered in
Elabuga.

Крест, установленный А. И. Цветаевой в 1960 г.
в предполагаемом районе захоронения.
The cross put up by Alya Tsvetaeva in 1960 in
the presumed area of Tsvetaeva's burial.

Ворота кладбища в Елабуге.
Elabuga cemetery gates.

Памятник, установленный Литературным фондом
Союза Писателей в конце 1960-х гг. взамен креста.
Two views of the monument put up by the Union of
Writers in the 1960s to replace the cross.

V. ЦВЕТАЕВА В ИЗОБРАЗИТЕЛЬНОМ ИСКУССТВЕ / TSVETAEVA IN ART

Е. С. Кругликова. Силуэт, 1920
Silhouette by E. S. Kruglikova, 1920

Магда Нахман. Портрет, 1913
Portrait by Magda Nakhman, 1913

Н. В. Крандиевская-Толстая. Скульптурный портрет, 1913 (?)
Sculpture portrait by N. V. Krandievskaya-Tolstaya, 1913 (?)

А. Билис. Рисунок, 1930. Ванв.
Drawing by A. Bilis. 1930. Vanves.

Е. Антимонова. Шелкография, около 1970
Silk-screen portrait by E. Antimonova, c. 1970

VI. АВТОГРАФЫ ЦВЕТАЕВОЙ
TSVETAEVA'S AUTOGRAPHS

Письмо М. А. Волошину
A letter to M. Voloshin

Письмо М. А. Волошину с припиской С. Эфрона
A letter to Voloshin, with a postscript by Sergei Efron

Дарственная надпись Б. Пастернаку на книге *Разлука*
Gift inscription to Boris Pasternak on a copy of *Separation*

Автобиография Цветаевой, 1922
An autobiography by Tsvetaeva, 1922

Родилась 26го сент. 1892 г. въ Москвѣ
Пишу съ семи лѣтъ.
Первыя книги (по духу — одна книга): „Вечернiй Альбомъ" (1910 г.) и „Волшебный Фонарь" (1912 г.)
Съ 1912 г. по 1921 г. книгъ не выпускала. Отдѣльные циклы стиховъ въ журналѣ „Сѣверныя Записки", „Альманахѣ Музъ", „Салонѣ Поэтовъ".
Въ 1921 г. — сборничекъ стиховъ „Версты" (из-во „Костры") и драмат. сцена „Конецъ Казановы" (из-во „Созвѣздiе")
Послѣднюю вещь разсматриваю какъ напечатанный черновикъ, ибо корректуры из-во „Созвѣздiе" мнѣ держать не дало. Пропуски

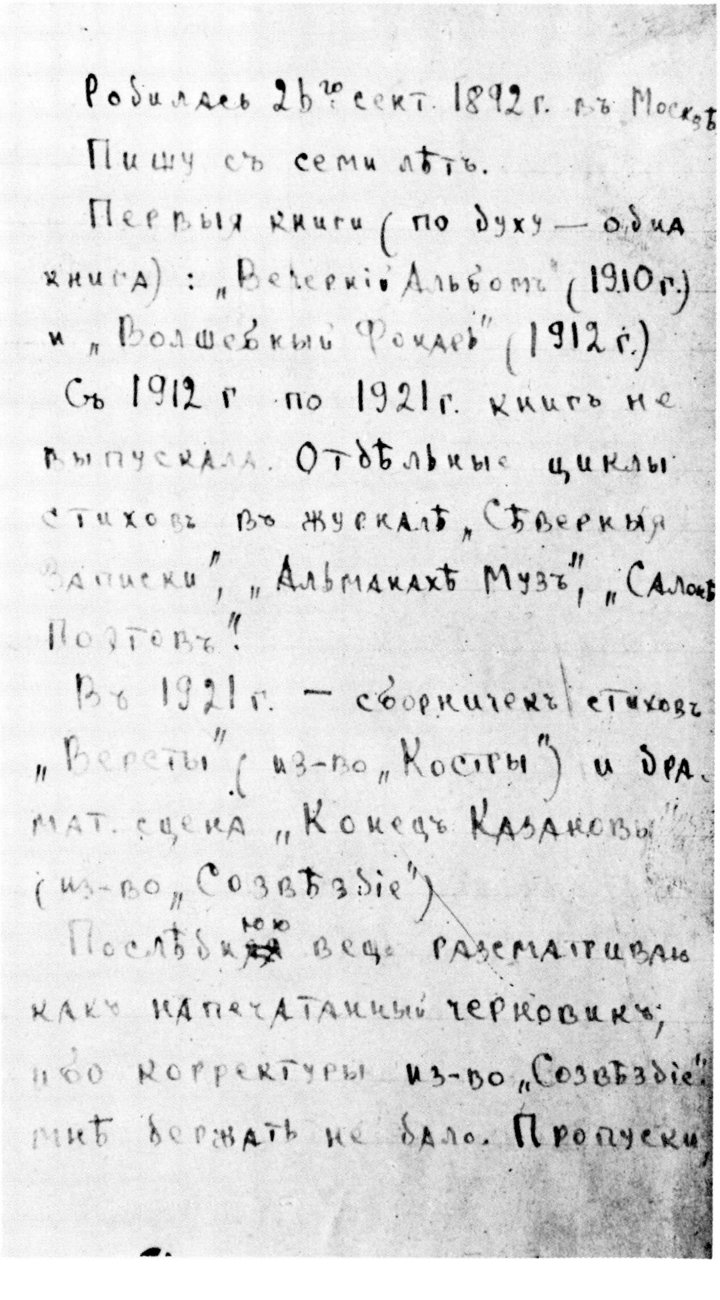

Автобиография Цветаевой, 1922
An autobiography by Tsvetaeva, 1922

затемняющіе смыслъ и опечатки.
Рисунокъ также безъ моего утвер:
жденія.
Съ 1912 г. по 1922 г. книги:
„Юношескіе стихи" (1913 г. — 1916 г.)
„Версты" I (проданная Гос. Из-ву)
драматическія сцены (кромѣ „Конца
Казановы") — „Приключеніе", „Фор:
туна", поэмы: „Царь-Дѣвица"
(проданная Гос. Из-ву, „На Красномъ
Конѣ" (Берлинъ, „Геликонъ")
„Стихи къ Блоку" (Берлинъ,
„Огоньки")
Переводъ (Сѣверныя Записки
1915 г.) романа Гр. де Ноайль
„Новое Упованіе."
Нѣсколько неоконченныхъ
большихъ вещей.
Марина Цветаева

Автограф стихотворения. Autograph copy of a poem.

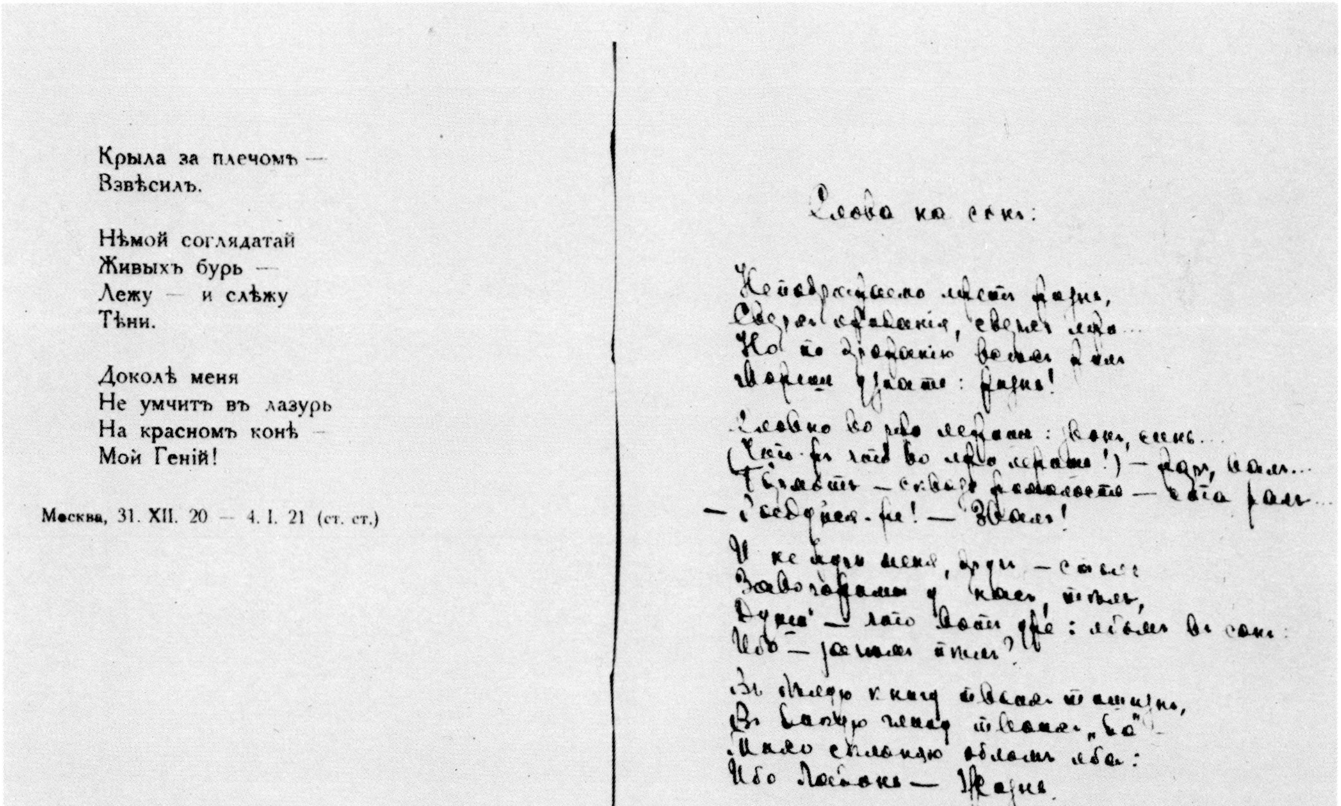

Крыла за плечомъ —
Взвѣсилъ.

Нѣмой соглядатай
Живыхъ бурь —
Лежу — и слѣжу
Тѣни.

Доколѣ меня
Не умчитъ въ лазурь
На красномъ конѣ —
Мой Геній!

Москва, 31. XII. 20 — 4. I. 21 (ст. ст.)

Автограф Ахматовой, в котором она определяет свой поэтический квартет (Ахматова, Цветаева, Пастернак, Мандельштам)
Autograph copy by Akhmatova of her famous poem "The Four of Us," naming the great poetic quartet—herself, Tsvetaeva, Pasternak, Mandelstam—with epigraphs from each of the other three (О.М., Б. П., М. Ц.)

VII. ЛИТЕРАТУРНОЕ ОКРУЖЕНИЕ ЦВЕТАЕВОЙ
VII. TSVETAEVA'S LITERARY MILIEU

А. Блок, Ф. Сологуб, Соколов-Микитов, К. Эрберг, 1910-е
Alexander Blok, Fyodor Sologub, Sokolov-Mikitov, K. Erberg, 1910s

Н. Гумилев, З. Гржебин,
А. Блок, около 1920
Nikolai Gumilev, Z. Grzhe-
bin, Alexander Blok, с. 1920

Ахматова, 1916 (слева), около 1923 (справа), 1924 (внизу)
Akhmatova in 1916 (left), circa 1923 (right), 1924 (bottom)

Пастернак, Эйзенштейн, Маяковский, Л. Брик, 1921
Pasternak, Eisenstein, Mayakovsky, Lily Brik, 1921

Пастернак, 1924, Pasternak

Пастернак, 1924, Pasternak

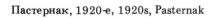

Пастернак, 1920-е, 1920s, Pasternak

Пастернак, 1930-е, 1930s, Pasternak

Мандельштам, 1912, Mandelstam

Мандельштам, 1921, Mandelstam

Мандельштам, 1914, Mandelstam

Мандельштам, 1930-е, 1930s, Mandelstam

Андрей Белый, 1916, Andrei Bely

Владислав Ходасевич, 1930, Vladislav Khodasevich

Николай Гумилев — Nikolai Gumilev

Начало письма Цветаевой
к В. Брюсову
The start of a letter from
Tsvetaeva to Valery Bryusov

В. Брюсов
V. Bryusov

М. Волошин в Коктебеле, 1910-е
Voloshin in Koktebel in the 1910s

М. Волошин в Коктебеле, 1920-е
Voloshin in Koktebel in the 1920s